EL EFECTO SUERTE

EL EFECTO SUERTE

Dr. Cecil Stonewall

Versión en español: Ernesto Frers

Un sello de Ediciones Robinbook

Bookspan
501 Franklin Avenue
Garden City, NY 11530

Diseño de cubierta: Cifra, producciones editoriales, s. l.
Fotografía de cubierta: Corbis.
Diseño de interior: CFT.
ISBN: 84-7927-602-9.
Licencia editorial para Bookspan
por cortesía de Ediciones Robinbook, s.l., Barcelona

Impreso en U.S.A. *Printed in U.S.A.*

«La suerte es una ciencia:
si dispones de las condiciones,
obtienes el resultado.»

OSCAR WILDE

ÍNDICE

PRÓLOGO

Hasta hace muy poco la ciencia desdeñaba el estudio de las causas de la buena o mala suerte, a partir del principio de que los científicos no creen en magias ni supersticiones (al menos en público). Pero nuevos estudios dados a conocer recientemente, nos proporcionan un enfoque distinto de las veleidades del azar. Un puñado de inquietos investigadores afrontaron el escepticismo de sus colegas y la tradición de sus respectivas disciplinas, resueltos a ahuyentar tanto lechuzas y gatos negros como tréboles de cuatro hojas y patitas de conejo. O sea, estudiar qué es lo que realmente atrae a la mala o buena suerte.

Ese grupo de avanzada lo forman psicólogos, sociólogos y otros académicos, a los que se les ocurrió pensar que, tal vez, los sujetos muy afortunados tenían ciertos rasgos de carácter y pautas de comportamiento distintos del común de los mortales. Se atrevieron entonces a emprender y llevar a cabo análisis e investigaciones basadas en el estudio de casos y en encuestas a nivel estadístico sobre el porqué de la desigual fortuna de las personas. En cierta forma, lucharon contra esa ciega injusticia, como una suerte de supermanes u hombres araña de laboratorio, que no necesitaron tomar kriptonita ni escalar rascacielos para ayudarnos a tener mejor fortuna.

Científicos como el psicólogo británico Richard Wiseman y su «Luck Project» (Proyecto Suerte) en la Universidad de Hertfordshire; el profesor de la Universidad de Florida David Niven y sus estudios sobre la felicidad; o los desarrollos de la «Psicología positiva» impulsados por el Dr. Martin Seligman en la Universidad de Pennsylvania; se relacionan con los trabajos de Hendrie Weisinger sobre el poder del «Criticismo Positivo», la interpretación que hacen el mismo Weisinger y la psicóloga Jeanne Segal de la célebre «Inteligencia Emocional», o los análisis del Dr. Gene Landrum sobre la conducta de líderes y emprendedores de gran éxito, así como otros diversos estudios, algunos de ellos con mi modesto aporte.

Lo que proponen los investigadores es una participación activa de cada uno en la elaboración de su buena suerte, algo más complejo pero también más apasionante que un simple cambio de chip en nuestro cerebro. La propuesta supone una revisión lúcida de todas nuestras ideas, conductas y hábitos (que no resultan tan fáciles de cambiar), hasta encontrar esa visión del mundo y forma de comportarse ante él que caracteriza a los seres «afortunados».

Ese es el ya indiscutible hallazgo de quienes trabajan en el campo de las causas de la buena suerte y que, como veremos a lo largo de este libro, han elaborado también principios y consejos prácticos para aplicar esos descubrimientos a la búsqueda del éxito profesional y la felicidad personal.

En las próximas páginas explicaremos los secretos y recursos que ofrece esta nueva ciencia para poner en práctica sus descubrimientos, incluyendo historias de casos reales y breves biografías de personajes que han sabido labrarse éxito y fortuna.

Lo dejamos en tus manos, amigo lector, y...

¡Buena suerte!

INTRODUCCIÓN

Lo primero que debe saber el lector o lectora de este libro es que nadie nace con buena o mala suerte. No hay quien llegue a este mundo con una estrella a favor o en contra, ni con un santo de cara o de espaldas. Para decirlo en un lenguaje más científico, no existe un gen que nos predisponga a ser afortunados o desafortunados. Nacemos inocentes y disponibles en relación con nuestro destino, como una página en blanco que cada cual y sus circunstancias van escribiendo a lo largo de la vida.

Todos deseamos tener éxito y nos esforzamos para alcanzarlo. Pero sabemos también que el azar, el destino, o como prefiramos llamar a las causas de la suerte, juegan un papel fundamental en nuestra posibilidades de triunfo o fracaso. Desde la más lejana antigüedad los seres humanos han buscado desentrañar lo que les deparaba el porvenir. La hechicería primitiva, los oráculos griegos, la quiromancia, la baraja, o los movimientos planetarios, fueron otras tantas formas de intentar conocer y dominar los avatares del futuro.

Hace aproximadamente una década, investigadores y académicos de diversas instituciones y universidades de América y Europa se dedicaron a estudiar, por primera vez con rigor científico, en qué consistía la buena suerte. Sin ponerse previamente de acuerdo comenzaron a publicar artículos en revistas especializadas y libros de divulgación de sus estudios. La mayoría de esos autores reciben elogiosas críticas y alcanzan excelentes cifras de ventas, especialmente en ámbitos como el empresarial, los centros formativos de líderes, y los profesionales vinculados al desarrollo de la personalidad y la optimización de la conducta.

TÚ PUEDES CONSTRUIR TU SUERTE

Esta nueva ciencia despertó también el interés del público en general, y varios de esos pioneros dictan hoy cursos de formación y conferencias para explicar y aplicar sus hallazgos; tarea que yo mismo he emprendido, como una suerte de portavoz espontáneo de esa novedosa posibilidad de dominar la suerte. Como síntesis puede decirse que, cada cual desde su punto de vista, coincidimos en sustentar científicamente un viejo axioma de la sabiduría popular: «Cada persona construye su propia suerte».

–Vale, eso ya lo sabía Perogrullo –se me podrá decir–, pero... ¿qué podemos hacer realmente para «construir» nuestra buena suerte personal?

En primer lugar, aceptar que por más cualidades que tengamos y mayor sea el esfuerzo que le dediquemos, nuestro éxito personal depende en gran medida del viento favorable. Y por lo tanto, reconocer la importancia que realmente tiene la suerte para conseguir alcanzar nuestros fines, o no alcanzarlos. Conviene asumir que los golpes de buena o mala suerte juegan un papel fundamental en todos los aspectos de nuestra vida. Al menos, tanto como la dedicación y la voluntad de alcanzar el éxito, o lograr ese estado vital inasible que consiste en ser feliz.

A partir de esa convicción, debemos proponernos hacer todo lo posible por poner a la fortuna de nuestro lado. Saber atraer y aprovechar la buena suerte es un elemento decisivo para alcanzar nuestros objetivos, ya sean económicos, laborales, vocacionales, sociales o, desde luego, afectivos.

Sin embargo, la mayoría de la gente sigue pensando que eso de «llamar a la buena fortuna» es un engaño esotérico para personas ingenuas o ignorantes. En una encuesta realizada en 1999 por el Opinion Research Center de Chicago que abarcó una muestra al azar de 2.000 personas adultas, sólo 197 de ellas declararon que los golpes de suerte son el factor fundamental para tener éxito en la vida. Los otros 1.803 encuestados apostaban por el empeño, la habilidad y, sobre todo, el trabajo duro.

> «He aquí la fórmula de la fortuna: levántate
> muy temprano, trabaja duro,
> confía en ti mismo, y descubre petróleo.»
>
> JEAN PAUL GETTY

El irónico consejo del multimillonario petrolero remite a la secreta fascinación que ejerce el azar sobre casi todos nosotros. Pese a que la mayoría dice confiar en el esfuerzo personal para alcanzar sus objetivos, esa atracción responde a que lo impredecible representa lo opuesto a las características de la lógica humana: la interpretación intelectual y racional, el autocontrol y la previsión de los acontecimientos.

Muchos de mis alumnos rechazan la idea de que sus objetivos deben ser razonables y que su vida responderá, sin mayores sorpresas, al ciclo común de estudiar-titularse-trabajar-retirarse y envejecer hasta morir. Aceptemos que ese ciclo puede presentar variables de mayor éxito o fracaso, pero son escasas las situaciones totalmente inesperadas. No son pocos los que se apuntan a mis cursos esperando que yo les provea de una solución mágica para romper ese destino con un golpe de buena suerte.

Nicholas Rescher, director del Centro de Filosofía y Ciencia de la Universidad de Pittsburg, sostiene que «nuestra condición psíquica y emocional nos lleva a no desear vivir en un mundo preprogramado, donde nuestro destino y nuestro futuro puedan ser previsibles. Aun a riesgo de ser sujetos de la suerte y el azar, anhelamos novedades y sorpresas».

Y agrega más adelante: «Desechando todo criterio racional, la gente sigue jugando a la lotería y atribuyendo cualquier suceso feliz a 'un golpe de buena suerte'».

Resulta difícil aceptar que esos golpes de buena suerte no dependen tanto del azar o la casualidad, como de nuestra propia actitud mental. Esa idea le molesta a mucha gente que conozco, porque en lugar de quedarse como están y recibir una gracia del cielo, supone que deben hacer un esfuerzo personal si desean cambiar su suerte. Por otra parte, no se trata tampoco de restar valor a los otros componentes que forman parte de nuestro esfuerzo diario, y sentarnos alegremente a esperar que nuestra nueva actitud mental atraiga la suerte cada vez que la necesitemos, es una labor que requiere una transformación en nuestra forma de pensar y de actuar.

Robert, el afortunado

Hace unos años el ingeniero británico Robert Smith decidió viajar a Francia con su mujer para celebrar el Año Nuevo en París. Robert debía volver a Inglaterra a principios de enero, para mantener una entrevista sobre la oferta de un ventajoso empleo. Cuando los Smith se disponían a emprender el regreso, las tremendas nevadas de aquel invierno habían obligado a cerrar todos los aeropuertos. La pareja decidió retornar a Inglaterra por ferry desde Boulogne, pero el puerto británico de destino quedaba bastante lejos de la ciudad donde vivían. El transporte ferroviario se había interrumpido a causa de la nieve y no existían líneas de autocares que cubrieran ese trayecto. Robert y su mujer discutían el problema en la sala de espera del ferry, cuando de pronto entró otro matrimonio. Robert les oyó hablar en inglés, y sin titubear entabló conversación con ellos. Los recién llegados vivían muy cerca de su casa, y ofrecieron llevar a los Smith en su coche, que los acompañaba en el mismo ferry. Gracias a este «milagroso» encuentro, Robert pudo resolver su problema y obtener su nuevo trabajo.

Robert Smith vivió otro inesperado golpe de suerte unos meses después, cuando él y su mujer habían decidido mudarse a una casa más grande en las afueras. Recorrieron todas las agencias de la región, sin conseguir hallar la vivienda que deseaban. Pero Robert no se dio por vencido. Una mañana, andando por la calle principal, se cruzó con uno de los agentes inmobiliarios que había visitado sin éxito. De pronto, llevado por una corazonada, volvió sobre sus pasos y preguntó al hombre si no tenía alguna nueva oferta para él. El otro respondió negativamente, se disculpó, y siguió su camino. Unos segundos después fue él quien se volvió y trotó para alcanzar a Robert. Le dijo que esa mañana le había entrado en cartera una casa, que todavía no había visto ni puesto en venta. Robert aceptó verla de inmediato, se fascinó con ella, y concretó la compra ese mismo día. De eso hace casi veinte años y la feliz pareja sigue viviendo encantada en «el hogar de sus sueños».

Por éstos y otros sucesos favorables de su vida, tanto el propio Robert como sus familiares y amigos consideran que él es un hombre de suerte, tocado por la varita mágica de la buena fortuna. Quien no está de acuerdo con esa idea es Richard Wiseman, que conoció a Robert como sujeto de sus entrevistas a personas que se consideran «afortunadas» o «desafortunadas», dentro de su investigación científica sobre las causas de la buena suerte. En opinión de Wiseman la historia de Robert ilustra dos de los principios básicos para atraer la buena fortuna: estar siempre abierto a entablar relación con otras personas, y confiar en las propias intuiciones o corazonadas.

La lista de sujetos entrevistados por Wiseman incluye gente como una joven secretaria que se fracturó una pierna al caer por las escaleras, y se sentía muy feliz con su escayola y su muleta. «Tuve suerte –le dijo al investigador–, pude haberme desnucado». En el otro extremo del estudio figura un inglés que al ganar un bote de 8.000.000 de libras en la lotería, se sintió muy desdichado al saber que debía compartir esa suma con otro acertante.

«Hemos comprobado que la gente afortunada tiene una forma de ver el mundo totalmente distinta de lo habitual» dice Wiseman, en apoyo de su teoría. Una teoría que, en última instancia, hace depender nuestra suerte de las actitudes que mostramos ante el mundo y la vida.

LA CONSTRUCCIÓN DE LA BUENA SUERTE

El propósito fundamental de este libro consiste en difundir ampliamente los principios que se van descubriendo al estudiar las causas de la buena suerte. Estos principios varían según los autores que se consulten, que suelen introducir matices o agregados, pero existe un acuerdo general sobre cuáles son los más importantes.

Para saber qué cosas deberás cambiar para cumplir con esos principios favorables y acrecentar la buena suerte, puedes hacerte algunas preguntas concretas sobre tu forma de ser, tu manera de pensar y de actuar en la práctica. Por ejemplo:

- ¿Tengo claros mis deseos y me esfuerzo por alcanzarlos?
- ¿Me detengo cada tanto a informarme y reflexionar sobre ellos?
- ¿Suelo buscar conversación con desconocidos en las colas, las salas de espera o situaciones semejantes?
- ¿Me interesa probar cosas nuevas o que no conozco?
- ¿Acostumbro atender a mis corazonadas?

...y otras preguntas de ese tenor que te parezcan oportunas.

Puedes también interrogarte sobre tus carencias, con preguntas como:

- ¿Siento preocupación y ansiedad respecto a mi suerte?
- ¿Renuncio a un objetivo ante el menor inconveniente?
- ¿Tiendo a ver el lado oscuro de cada cosa que me ocurre?
- ¿Me lamento constantemente de mi mala suerte en el pasado?

...y así por delante.

Si te planteas bien las preguntas y las respondes con sinceridad y sin darles muchas vueltas, podrás saber cuáles son tus puntos a favor de la buena suerte y qué aspectos debes cambiar para empezar a atraerla. No tendrás que hacerlo a ciegas, porque este libro se ha escrito para orientarte en ese camino, como podrás comprobar si sigues leyendo... NUEVO DECÁLOGO DE LA CIENCIA PARA ATRAER LA BUENA SUERTE.

En las páginas que siguen expongo los últimas hallazgos de la ciencia para atraer la buena suerte y alcanzar nuestras metas en la vida. Le he dado forma de decálogo y cada una de sus normas va acompañada de consejos y ejemplos para su aplicación práctica, y de una explicación detallada de los nuevos estudios e investigaciones que las sustentan y garantizan su fiabilidad y eficacia para el logro del bienestar, la felicidad y el éxito.

NORMA NÚMERO 1
CONVÉNCETE DE QUE TENDRÁS ÉXITO

Desde mi práctica como psicólogo clínico, conozco mejor a los individuos que se sienten «desdichados», por la simple razón de que los que actúan naturalmente como «afortunados» no necesitan acudir a mi consulta. La mayor parte de los pacientes llegan con síndromes de angustia o depresión, causadas según ellos por una racha de mala suerte, cuyos escenarios más frecuentes son la vida laboral o afectiva. A menudo el atribuir a la mala suerte lo que nos sucede suele ser una coartada para no sentirnos responsables, en especial cuando se trata de cosas muy negativas o que afectan a otras personas.

La percepción interna de cómo somos, tiene mucho que ver con la realidad exterior. Percibimos las consecuencias de nuestros errores o descuidos personales como golpes de mala suerte, y eso nos permite exculparnos. El problema es que al no reconocer que hemos «creado» esa mala suerte, seguimos cayendo en los mismos errores y nos sentimos cada vez más desdichados.

El psiquiatra californiano Martin Neihaus se basa también en la experiencia con sus pacientes, para afirmar en un reciente artículo que «aquellos que dicen que son infortunados en el amor, por ejemplo, o que no tienen suerte en los negocios, están intentando absolverse a sí mismos». Para este experto profesional, «aunque nos brinda un cierto consuelo el pensar que las cosas que nos ocurren son imprevisibles, debemos aceptar que podemos determinar nuestra propia suerte según cómo pensemos y actuemos sobre las cosas que nos ocurren».

Todos los estudios coinciden en que los individuos afortunados no experimentan inesperados favores del azar, ni viven situaciones esencialmente distintas de los que se sienten desgraciados. La diferencia consiste en la forma de reaccionar ante esas situaciones. La regla básica es ver las cosas de manera positiva, a partir de un sano y vital optimismo.

«Solemos pensar que las personas felices y las desdichadas ya nacen con esos destinos –dice el Dr. David Niven–. Pero no es así; tanto unas como otras hacen cosas que producen y refuerzan esos estados de ánimo. Las personas felices se permiten ser felices, las infelices siguen haciendo cosas que aborrecen y que las perjudican, contribuyendo a su infelicidad».

La ejemplar historia de Jack y Tom

Cuando una fábrica de automóviles de Detroit decidió «reorganizar» su plantilla para dar lugar a la instalación de nuevas tecnologías y reducir costes, los hermanos Jack y Tom Collins se contaron entre los que perdieron su puesto de trabajo. Ambos recibieron de un día para otro la carta de despido de la empresa, junto con una discreta indemnización. Jack se derrumbó totalmente ante lo que consideró un injusto y brutal golpe de mala suerte. Convencido de que el destino «le debía» una reparación, dedicó su indemnización a apostar sin ton ni son en todo tipo a juegos de azar o frecuentar casinos y salas de juego, con la obsesiva certeza de que su única salida era otro asombroso golpe de suerte, pero esta vez en sentido contrario.

Tom, por su parte, no se tomó las cosas tan a la tremenda. Como al quedarse en paro no pudo evitar una cierta depresión y desconcierto y ante su futuro, consultó con un psiquiatra de Detroit que seguía los principios del Dr. Seligman. Esas sesiones de terapia le ayudaron a descubrir que su verdadero anhelo no era haber conservado su puesto en la factoría y tener un salario asegurado, sino poder montar por su cuenta un taller de su especialidad, la electricidad del automóvil. Se convenció de que era lo bastante buen técnico como para prosperar en su verdadera vocación, y de que tenía suficientes condiciones personales para emprender la aventura. Empleó prácticamente toda su indemnización en el traspaso de un local que ya contaba con las instalaciones necesarias, situado en una transitada avenida. Consiguió sus primeros clientes ofreciendo ayuda gratuita a una señora que no conseguía arrancar su coche en un semáforo, que a su vez lo recomendó a sus amistades; y frecuentando un bar donde solían almorzar los camioneros que hacían el trayecto al Canadá.

Mientras tanto Jack iba de mal en peor. Generalmente perdía en el juego y cualquier ganancia ocasional volvía a perderla en una nueva apuesta, como indica la ley de probabilidades. Para consolarse de su mala suerte comenzó a beber más de la cuenta, descuidó su aspecto personal y se agrió su carácter, lo que le provocó problemas conyugales y familiares. Cuando perdió los últimos dólares de la indemnización en una partida de póquer, su mujer ya había hablado con un abogado para iniciar los trámites de divorcio.

Dos días después Tom Collins tuvo una corazonada al acabar la jornada en su floreciente taller, y decidió pasarse a ver a su hermano. Encontró a Jack totalmente borracho, llorando y balbuceando frases sin sentido mientras se balanceaba peligrosamente al borde de su terraza en un octavo piso. Tom lo arrastró hacia adentro y lo metió vestido bajo la ducha. Acto seguido llamó al Dr. Francis Leghorn, aquel psiquiatra que lo había atendido cuando lo despidieron.

No podemos saber si Jack tenía realmente intención de suicidarse, pero es muy probable que en su estado hubiese caído de todas formas al vacío, de no haber llegado Tom por impulso de una corazonada. A partir de aquel momento la «mala suerte» de Jack cambió totalmente: no volvió a apostar y dejó de beber en absoluto, lo que le permitió reconciliarse con su esposa. Tom, que era un hombre próspero y ahorrativo, le prestó algo de dinero y lo asoció a su taller, proponiéndole dirigir la primera sucursal que abrirían en un barrio cercano.

¿Tuvo Tom Collins más buena suerte que su desdichado hermano? Cualquiera que conozca sólo los hechos objetivos, nos dirá que sí; que es evidente que Tom salió adelante por una serie de golpes favorables de la fortuna, mientras el pobre Jack no tuvo nunca el azar a su favor.

El Dr. Leghorn no está de acuerdo con esta interpretación. Según él, lo que diferenció la «suerte» de ambos hermanos fue su diferente actitud ante el hecho de perder su trabajo. «Jack literalmente se vino abajo –explicaba el psiquiatra un tiempo después–. No pudo soportar el golpe y eso le hizo perder la confianza en sí mismo y en cierta forma también la razón, o al menos la racionalidad. Tom en cambio mantuvo la autoestima pese a la adversidad, confió en sí mismo y en sus posibilidades, buscó apoyo psicológico, descubrió cuál era su sueño y se dedicó a tratar de alcanzarlo con la mente abierta a lo que viniera. Su sociabilidad, optimismo y simpatía le ayudaron a conseguir los primeros encargos».

Un par de años más tarde Tom Collins se encontró con un antiguo compañero de la fábrica, que llegó al taller para hacer revisar su automóvil. El hombre miró asombrado el local, los modernos equipos, la docena de operarios que se afanaban en su trabajo luciendo en la espalda un logotipo que rezaba: «Talleres Collins», y la fila de coches que esperaban para ser atendidos.

–¡Vaya, Tom! –exclamó– ¿Cómo has hecho para conseguir todo esto?

–Es que he tenido muchísima suerte –respondió el «afortunado» electricista.

Es muy frecuente que las personas que, como Tom, han sabido construir su buena suerte, no sean conscientes de ello. Se las arreglan para abrir el periódico en la página que les ofrece una excelente ocasión, encontrar a la primera una web que les soluciona un problema, asistir a la reunión donde conocerán a alguien que les propondrá un magnífico negocio (o donde descubrirán a la chica de sus sueños). Piensan entonces que son afortunados, sin saber que han sido sus actitudes y su forma de ver las cosas lo que les ha permitido encontrar y aprovechar oportunidades que otros hubieran desperdiciado o dejado pasar de largo.

> «Lo más terrible no es fracasar,
> sino no haberlo intentado.»
>
> GEORGE E. WOODBERRY

«La gente con buena suerte está a menudo convencida de que sus oportunidades obedecen a un golpe favorable del destino –declara el profesor Wiseman–, pero mis investigaciones revelan que esos presuntos golpes de suerte son en realidad resultado de una disposición psicológica. Su forma de pensar los hace mucho más capaces que otros para advertir, comprender y aprovechar las oportunidades que les ofrece la vida. Estar en el lugar conveniente y en el momento adecuado depende sólo de tener una apropiada actitud mental».

Aunque Tom Collins reúne varias de las virtudes que la nueva psicología positiva atribuye a los afortunados, no cabe duda que pudo aprovecharlas a partir de su apropiada actitud mental después de haber perdido su empleo.

Y lo más importante: esas cualidades pueden también ser adquiridas por otras personas que se lo propongan.

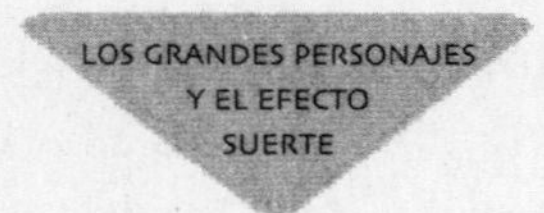

LOS VARIADOS ÉXITOS DE JOSEPH PULITZER

Magnate del periodismo, parlamentario, y generoso filántropo, Joseph Pulitzer es un claro ejemplo de que, si sabes construir tu propia suerte, puedes alcanzar el éxito en varios propósitos diferentes. Pulitzer nació en 1847, en el seno de una acomodada familia húngara de habla alemana. Recibió una excelente educación, y a los 16 años se inclinó por la carrera de las armas. Pero el ejército húngaro no lo aceptó, por tener un físico frágil y problemas de visión. Joseph era un casi obsesivo lector de la prensa, y un día vio un anuncio del Gobierno americano, que solicitaba voluntarios para luchar contra los rebeldes sudistas. Se alistó, llevado por una corazonada, y en 1864 se incorporó al ejército de la Unión. Luchó hasta el final de la contienda como soldado raso y anónimo, y esa experiencia le sirvió para convencerse de que la guerra no era lo suyo.

En 1865 Pulitzer decidió instalarse en San Luis, que contaba entonces con una nutrida colonia alemana. Realizó diversos trabajos esporádicos, mientras la lectura de la prensa y la observación de la realidad americana le ayudaban a definir sus nuevos propósitos: quería ser un gran editor de periódicos, destacar en política, y dejar tras de sí un legado importante. De paso, como todo inmigrante, aspiraba a hacerse rico. La verdad es que tuvo la fortuna de conseguirlo todo, en una vida llena de peripecias.

El magnate de la prensa

El interés de Joseph por el periodismo tropezaba con el inconveniente de no dominar el idioma. Aunque sabía algo de inglés y lo seguía estudiando con ahínco, no se sentía capaz de escribir correctamente en un periódico. Otro quizás hubiera renunciado, pero él supo encontrar su ocasión. En San Luis se publicaba el *Westliche Post*, un diario en alemán dirigido por Carl Schurz, que era fanático del ajedrez. Pulitzer decidió «fabricar» su oportunidad concurriendo diariamente a la sala de ajedrez que frecuentaba Schurz. No le costó mucho trabar relación con el editor y seducirlo con su brillantez y su simpatía. Así entró como reportero del *Post*, y cinco años después compró a Schurz una parte del negocio, que vendió con una buena ganancia en 1873.

Durante los dos años siguientes Pulitzer trabajó como corresponsal del *New York Sun*, mientras acababa de titularse en Derecho. En 1878 resolvió correr el riesgo de adquirir el *St. Louis Evening Dispatch* y el *Evening Post*, uniéndolos en uno solo para aplicar sus revolucionarias teorías periodísticas: titulares provocativos, abundancia de fotos, y apasionantes reportajes de investigación que se extendían durante semanas. Cinco años después el *Post-Dispatch* estaba en la cumbre de su éxito, cuando Pulitzer se endeudó para adquirir el *New York World*, uno de los mediocres periódicos que competían por sobrevivir en esa ciudad. El «estilo Pulitzer», calificado por sus competidores de sensacionalista y «amarillo», atrajo y cautivó a un público popular que no acostumbraba a leer la prensa. Joseph multiplicó los 15.000 ejemplares que vendía el *World*, llevándolo en cuatro años a una tirada de 150.000, al tiempo que ganaba una gran influencia en los asuntos públicos.

«La batalla de Nueva York»

El editor del *Sun*, antiguo patrón de Pulitzer y ahora su más denodado rival, lo tildó en su periódico de judío renegado que había abandonado su religión. En realidad Joseph era hijo de un judío y una católica, su mujer, Kate, pertenecía a la Iglesia Episcopal, y él no profesaba ninguna religión. El

Pese a no dominar el inglés, Joseph Pulitzer consiguió convertirse en un icono del periodismo gracias a su pasión por la profesión, su talento y su perseverancia.

burdo ataque del *Sun* no consiguió su objetivo de enemistar a Pulitzer con la numerosa comunidad judía de Nueva York, que era una parte importante de los lectores del World. Pero el episodio provocó a Joseph un primer fallo cardiaco, del que no pudo recuperarse totalmente. Como sabía que preservar las propias fuerzas era un factor fundamental para el éxito, Joseph delegó la agotadora función editorial para concentrarse en los aspectos estratégicos y financieros de su empresa.

> «Nuestra República y su prensa
> ascenderán o caerán juntas.»
>
> JOSEPH PULITZER

En 1895 el supermillonario William Randolph Hearst adquirió el *New York Journal*, lanzándolo a una guerra despiadada contra el *World* por la supremacía de la prensa neoyorquina. Pulitzer respondió con todas sus armas y se inició una batalla en la prensa, los otros periódicos bautizaron esa disputa en la cumbre como «La batalla de Nueva York». La polémica se agudizó durante la cobertura de la Guerra de Cuba entre Estados Unidos y España (1898). El *Journal* acusó al *World* y a sus corresponsales de informar del conflicto con un sensacionalismo irresponsable, y Pulitzer contraatacó diciendo que si sensacionalismo era decir lo que otros ocultaban, el *World* se enorgullecía de ser sensacionalista. Finalmente la batalla terminó en tablas, y ambos diarios compartieron la cima de la prensa neoyorquina hasta que los dos la perdieron cuando pasó al frente *The New York Times* en 1914.

El luchador parlamentario

Pulitzer, decidido a dejar también su impronta en la política de su país adoptivo, se había afiliado al partido Republicano en 1868, y al año siguiente fue elegido diputado a la Asamblea Estatal de Missouri. En un agrio debate en el que acusaba de prevaricación a un lobby parlamentario, su oponente le llamó «maldito mentiroso». Pulitzer por una vez perdió los papeles, corrió a su despacho, y volvió empuñando un revólver. En medio del revuelo hizo dos disparos, uno de los cuales hirió al otro en una pierna. Pulitzer comprendió que esa acción impulsiva ponía en grave riesgo sus ambiciones políticas, se disculpó ante su víctima y se mostró arrepentido ante la Corte. Fue sobreseído y mantuvo su escaño, bajo pago de 100 dólares como compensación y otros 300 como multa por desorden.

A pesar de esta experiencia Pulitzer insistió, esta vez apuntando más alto: en 1885 fue elegido para la Cámara de Representantes de los Estados Unidos. Allí continuó su lucha contra la corrupción y a favor de los sindicatos obreros, participando en varios proyectos de legislación social y progresista. Pero quizá fue aun mayor la influencia política que alcanzó desde los editoriales y denuncias de sus periódicos, que obtenían una repercusión impactante en los electores.

Los colaboradores de Joseph Pulitzer solían traducir su apellido como «Pull it, sir», o sea «Empújelo, señor».

Un legado imperecedero

La ambición de Joseph Pulitzer no se limitó a alcanzar el éxito de sus propósitos, sino también a que su obra perdurara más allá de su propia vida. En 1902 propuso a la

Universidad de Columbia, en Washington, una donación millonaria para fundar una Escuela de Periodismo y un premio anual que llevara su nombre. Por entonces su salud se encontraba ya muy deteriorada, pero seguía en la brecha pese a sufrir una invalidez parcial, ausencias repentinas y una progresiva ceguera. En 1911, durante un paseo en su yate por la Bahía de Charleston, su corazón se detuvo definitivamente. Al año siguiente inició su andar la Escuela de Periodismo de Columbia, que hoy sigue siendo la más prestigiosa del país, y en 1917 se otorgaron los primeros premios Pulitzer de periodismo y literatura, que desde entonces representan el prestigio y una auténtica consagración para sus receptores.

BUSCA TU SUERTE EN LA VIDA COTIDIANA

No puedo menos que estar totalmente de acuerdo con el Dr. Seligman, cuando sostiene que «la psicología ha llegado a saber bastante sobre cómo la gente resiste y sobrevive en condiciones de extrema adversidad. Pero sabemos muy poco sobre cómo la gente común avanza y prospera en condiciones normales». Por fortuna –y nunca mejor dicho– en los últimos años algunos psicólogos de la conducta hemos comenzado a explorar en lo que hace que la gente común tenga buena suerte y se sienta feliz.

Se necesita ser muy afortunado para salir vivo de un naufragio o un accidente aéreo. Pero también para ser valorado en el trabajo, disfrutar de la vida amorosa, desarrollar nuestras aptitudes, formar parte de un buen grupo de amigos, realizar nuestros deseos o, en definitiva, sentirse feliz y contento con uno mismo y los logros conseguidos. Hay que tener una gran confianza en sí mismo para salir vivo e ileso de una tremenda catástrofe, pero también se necesita una sólida autoestima para hacer frente a los avatares de la vida cotidiana y triunfar en aquello que realmente nos importa, desde los afectos familiares al éxito profesional o el bienestar económico.

Cada día realizamos muchas tareas rutinarias de forma casi mecánica, que sin embargo podrían ofrecernos distracción y utilidad, aparte de servirnos de entrenamiento para alcanzar metas más importantes. Ir a hacer la compra o sacar a pasear al perro son tareas obligadas y poco gratificantes. Pero nos permiten un tiempo para pensar en nuestras cosas o reflexionar sobre nosotros mismos, disfrutar del paisaje urbano, conversar con un vecino o conocer mejor la vida del barrio, y si andamos con buen ritmo incluso hacemos algo de ejercicio.

Es importante aprender a disfrutar y usufructuar lo que debemos hacer cada día, porque esa será la pauta de la mayor parte de nuestra vida. Los grandes momentos sólo se dan de cuando en cuando, y la capacidad de alcanzarlos depende en buena medida de cómo vivamos y aprovechemos los momentos pequeños y aparentemente banales.

Todos los estudios coinciden en registrar que las personas afortunadas suelen ser optimistas, alegres, extrovertidas, e interesadas por todo lo que hay u ocurre a su alrededor. Y no debemos pensar que esas cualidades son exclusivamente innatas, sino saber que pueden aprenderse y ejercitarse en los momentos y actividades más simples de una jornada común. He aquí algunos ejemplos:

- Al levantarte, procura ir a una ventana y contemplar el exterior. Disfruta de sentirte vivo y sano, aprecia la luz y calor del sol o la romántica belleza de la lluvia, según el caso.
- Vuelve a sentir tu cuerpo bajo la ducha, lávalo con suavidad, recibe el frescor o la tibieza del agua, percibe cómo el baño despeja tu mente y hace renacer tus energías.
- Durante el desayuno aspira el aroma del café, siente el crujir de las tostadas, saborea a conciencia todo lo que tomas, y percibe la calidez que inunda tu cuerpo.
- Al dirigirte a tus ocupaciones, no pienses abrumado en tus problemas, sino en buscarles soluciones y en lo bien que te sentirás si consigues superarlos.

Tú mismo puedes completar esta lista de actitudes positivas a lo largo de todo el día, según tus actividades, obligaciones, costumbres y preferencias. Hacer nuestra vida cotidiana agradable y satisfactoria no nos impide realizar nuestros grandes proyectos. Por el contrario, constituye la rampa de lanzamiento hacia un genuino éxito en la vida, ya que saber disfrutar de cada momento nos permitirá saborear mejor los grandes logros.

> «Cualquier tonto puede afrontar una crisis,
> lo que nos exige más es la vida cotidiana.»
>
> ANTÓN CHEJOV

Las claves de la buena suerte interactúan y se refuerzan entre sí, para producir lo que solemos llamar «sinergia». Como si un secreto coordinador de sus funciones les dijera: tú lo lanzas, tú lo acompañas, tú lo controlas, tú lo empujas, tú lo frenas, tú acudes si hace falta, etc. Pero una sola de esas virtudes personales, o dos o tres incluso, no bastan para obtener resultados.

NORMA NÚMERO 2
DEFINE BIEN TUS METAS

Un cantante de ópera retirado llamado Warren, llegó a mi consulta unos días después de haber cumplido los 60 años. Siendo niño había descubierto en el coro del colegio que su deseo era ser un célebre tenor, y a esa ambición dedicó todos sus esfuerzos. Su voz era bonita, pero un tanto débil y poco cultivada. No obstante Warren, como pude comprobar por su relato, contaba con la mayor parte de las virtudes para hacer jugar la suerte a su favor. Con su determinación consiguió que una famosa maestra de canto y un no menos reconocido fonólogo hicieran maravillas para perfeccionar sus cualidades vocales; fue uno de los pocos enterados de una beca especial para ingresar al Conservatorio, donde supo ganarse la buena disposición de todos los profesores y la amistad de algunos. Uno de ellos lo recomendó a un director de ópera que acababa de despedir a su tercer tenor, y así comenzó una carrera que podemos calificar de muy exitosa.

Warren no llegó a ser un gran divo como Pavarotti o Domingo, pero cantó óperas importantes en los principales teatros del mundo. Sus compañeros lo apreciaban por su generosidad dentro y fuera de la escena y el público lo adoraba, no sólo por su buen hacer, sino también por su simpatía, humildad y don de gentes. Cuando su voz se quebró tras tantos años de trabajo, recibió un multitudinario y cálido homenaje de despedida en el Covent Garden. Al poco tiempo pude ayudarle a superar un síndrome depresivo, y no volví a verlo hasta tres años después. En el ínterin supe que se había marchado al campo, y que se dedicaba a cultivar arbolillos bonsai. Tuve entonces ocasión de visitarlo en su cabaña relativamente modesta, cuyo jardín semejaba un bosque en miniatura. Me dirigió una alegre bienvenida, sin dejar de urgar con mimo en uno de sus ejemplares.

–Todavía doy algunos recitales de beneficencia –me confió con un guiño–, aunque lo que me hace realmente feliz es vivir en este lugar y criar mis bonsai.

–¿No echa usted de menos sus grandes noches de ópera, el público, los aplausos...?

–Todo eso estaba muy bien, doctor Stonewall –aceptó sonriendo–, pero lo único que realmente echo de menos es no haber formado una familia para poder compartir estos años de felicidad.

Es probable que Warren se equivocara al escoger una vocación tan absorbente y exigente como la ópera, y una meta tan desmedida como llegar a la cima absoluta. Aunque quizá su mayor error haya sido no casarse y formar una familia. Pero como aun así dominaba los resortes de la buena suerte, pudo al menos retirarse en el momento oportuno, con tiempo suficiente como para emprender una nueva vida que hoy lo hace sentirse bastante feliz. Su historia guarda estrecha relación con el título de este apartado, que no planteamos en un sentido filosófico, sino eminentemente práctico para los fines de este libro.

Si no sabes qué es lo que esperas de tu destino para ser realmente feliz, de poco te servirán tus esfuerzos por atraer la buena suerte. Ésta, al fin y al cabo, es sólo un instrumento para alcanzar lo que anhelas.

Una encuesta telefónica anónima realizada a 5.000 personas en Inglaterra, les preguntó cuál era su mayor anhelo para ser felices. Un 78% respondió «ganar mucho dinero». El resto se repartió, más o menos por partes iguales, entre «tener éxito en mi actividad», «vivir rodeado de amor», y «disfrutar de buena salud». Si tomamos en cuenta que la primera de estas respuestas supone también ganar buen dinero, el porcentaje de los que desean hacerse ricos se acerca a un 85%.

Si nos atenemos a la encuesta mencionada, parece que en la sociedad actual el hacerse rico ha pasado a ocupar un lugar de privilegio entre los dones que la gente espera obtener de la vida. No entraremos en este libro en temas como el materialismo y consumismo imperante en nuestra época, que han tratado renombrados sociólogos y economistas, pero sí podemos preguntarnos hasta qué punto el dinero es lo más importante. Los multimillonarios célebres no parecen confiar en una relación directa entre tener dinero y ser feliz. Por el contrario, son las personas con una renta normal, o a veces escasa, quienes creen que hacerse rico significaría alcanzar la felicidad. «Cuando el río suena, agua trae», dice el refrán, y algo de verdad hay en la insistencia de la sabiduría popular respecto a que la mayor suerte consiste en ser multimillonario.

«Es un error pensar que los hombres
con fortunas inmensas son siempre felices.»

JOHN D. ROCKEFELLER

«Daría contento todos mis millones
por una relación conyugal feliz.»

J. PAUL GETTY

«Si las mujeres no existieran,
todo el dinero del mundo no tendría sentido.»

ARISTÓTELES ONASSIS

«Un negocio que sólo nos da dinero
es un triste negocio.»

HENRY FORD

Aunque también forma parte de la tradición popular la historia de aquel hombre feliz que no poseía ni una camisa, es difícil negar que el dinero ayuda a obtener lo que deseamos, al menos en algunos campos importantes de la vida. Desde luego no nos asegura una salud eterna, pero nos permite acceder a los más avanzados (y costosos) recursos médicos. Tampoco nos garantiza que encontraremos el verdadero amor, comeremos perdices y seremos felices, como bien ha señalado el señor Getty. Pero libera nuestra vida afectiva de las penurias económicas, deudas e hipotecas, y nos permite obsequiar con magnificencia a nuestra pareja, vivir con ella en una o más residencias de lujo, viajar por todo lo alto, y disfrutar juntos de lugares paradisíacos.

Por otro lado he podido comprobar, en mi faceta de médico psiquiatra, que las personas adineradas tienen tantos o más desarreglos psíquicos existenciales que las menos favorecidas. La angustia, la depresión, la ansiedad, la paranoia o la esquizofrenia son males que atraviesan todas las capas sociales y niveles económicos.

> «La riqueza es mejor que la pobreza.
> Aunque sólo sea por motivos financieros.»
>
> WOODY ALLEN

Sin quitarle razón a Woody Allen, debemos recordar el título de un culebrón televisivo: «Los ricos también lloran». Sufren enfermedades y achaques que no cura el dinero, viven temerosos ante la posibilidad de perder su fortuna y la permanente sospecha sobre el genuino afecto de sus allegados. Un estudio sobre las tasas de divorcio en relación a los niveles económicos, efectuado en Estados Unidos, Canadá, y seis países de Europa Occidental, revela que las separaciones de matrimonios muy adinerados están bastante por encima de la media. Y muchas personas ricas de ambos sexos se han separado en dos, tres, o más ocasiones. Como ha dicho el famoso multimillonario Cornelius Vanderbildt: «No basta con que reúnas una fortuna, si no tienes la suerte de saber utilizarla a tu favor».

La posesión de un automóvil de lujo, una segunda residencia espaciosa o una buena cuenta de inversiones, no hacen a nadie mejor o peor, feliz o infeliz. Son índices de que tenemos éxito en acumular bienes materiales y recursos financieros, pero no de lo que realmente importa en la vida.

Los investigadores Diener y Fujita han propuesto una sencilla prueba para demostrarlo:

El día final

Imagina que hoy es tu último día sobre la Tierra. Haz memoria con sinceridad y enumera las cosas que has conseguido y que te han hecho realmente feliz. ¿Aparecen en la lista tu automóvil, tu televisión, tu equipo de audio o tus ingresos? Suponemos que no. Lo que has rememorado son los elementos fundamentales que hacen una vida plena: las relaciones con tu pareja, tu familia y tus amigos, los logros personales y profesionales, las cosas buenas que has hecho por los demás.

Si además te enorgullece tener prestigio y te satisface haber hecho dinero, puedes incluir esos sentimientos en la lista. Pero en el lugar que les corresponde, y sin engañarte pensando que han sido motivo de tu auténtica felicidad.

Si aceptamos que llegar a ser millonario no garantiza la felicidad, o dicho de otra manera, que ser feliz no depende sólo del dinero; debemos también aceptar que es posible que lo mismo ocurra si sólo tenemos buena salud, sólo realizamos nuestra vocación o sólo vivimos rodeados de cariño. En opinión prácticamente unánime de los investigadores, el lago dorado de la felicidad se alimenta de varios afluentes. Sus estudios han comprobado que es prácticamente imposible expresar un único deseo para toda la vida, salvo engañándonos a nosotros mismos.

Aladino y el Genio

La literatura oriental nos ha dejado el hermoso cuento de Aladino, que al frotar una lámpara maravillosa libera a un Genio encerrado en ella. El tema tiene múltiples variantes, como la del pescador que encuentra al Genio atrapado en una botella, o el camellero que lo halla al levantar una piedra en el desierto. El desenlace puede ser feliz o infortunado, pero todos los relatos mantienen un tema invariable: el Genio, agradecido, le ofrece a su libertador el cumplimiento de tres deseos. No un solo deseo ni todos sus deseos, sino exactamente tres. Quizá la perspicacia del narrador original supuso que escoger un único deseo era imposible para el protagonista, y cumplirlos todos era imposible para el genio.

EL DESCONCIERTO DEL ÉXITO

Los más recientes estudios y encuestas registran que el paso de las sociedades industriales acotadas a la sociedad global basada en la comunicación y las tecnologías, ha influido radicalmente en los anhelos y metas de las personas. Los avances de la técnica, la mundialización y los cambios vertiginosos, han producido también cambios en los criterios de éxito personal y en la idea misma de felicidad. Según el sociólogo alemán Ulrich Beck, «En los años sesenta, la respuesta de la gente al ser preguntada por sus metas era clara e inequívoca: aludía a los criterios de una vida familiar feliz, con sus planes para tener una segunda residencia, un coche nuevo, una buena educación para los hijos y una mejora en el nivel de vida». Y advierte a continuación que hoy se habla otro lenguaje, que se refiere a la propia identidad individual, aún en forma vaga, y menciona criterios como «el desarrollo de las capacidades personales» y «no perder el ritmo de los tiempos».

Se ha incrementado la dificultad humana para centrarse en un solo factor de éxito, claramente reconocido por la sociedad, y también la tendencia a buscar la satisfacción en metas más personales, como la realización individual, el mejor desarrollo de las aptitudes, el enriquecimiento cultural y artístico, o el pleno disfrute del cuerpo, en sus vertientes estéticas, deportivas, sensuales y sexuales.

El principio del «éxito», impuesto desde fuera por una sociedad estable, está siendo reemplazado por una concepción más flexible y particular del «ser feliz», construida por cada uno desde su íntima privacidad.

Lo paradójico es que, para poder atender a esas metas personales, es aun más imprescindible ganar el dinero suficiente para asegurarse el bienestar material y la tranquilidad económica. Por tanto un buen trabajo y unos buenos ingresos siguen siendo una condición necesaria, pero no ya el objetivo final a cumplir. Por lo menos en ciertas capas de población que, en las sociedades desarrolladas, suelen dar indicios sobre el futuro.

Hace un tiempo encomendé a un grupo de estudiantes, como trabajo práctico, realizar una encuesta piloto a personas de ambos sexos agrupadas según la edad, para que definieran su mayor objetivo en la vida. Para evitar las divagaciones y la dispersión de respuestas, propusimos sólo cuatro opciones cerradas: ganar mucho dinero, disfrutar de plenitud afectiva, mantener la buena salud, u obtener éxito profesional. El interés residía, en mi opinión, en que resulta difícil escoger sólo una de estas metas clásicas en el imaginario de la felicidad. He aquí un resumen de las respuestas:

- GANAR MUCHO DINERO: ocupa el segundo lugar entre los jóvenes, por detrás del éxito profesional. Es lo más importante para la gente de mediana edad, y cae al tercer puesto entre las personas mayores. Alcanza por lo tanto su cima en el momento de la vida en que las ilusiones y ambiciones personales dejan lugar a nuevas responsabilidades, de tipo familiar, laboral y social.
- DISFRUTAR DE PLENITUD AFECTIVA: no es un deseo muy considerable en las primeras etapas de la vida. Quizá porque en la actualidad los jóvenes buscan más la diversidad y los adultos han conseguido ya una relación sólida o, si han fracasado, no quieren nuevos compromisos. La tasa da un salto en las personas mayores, más temerosas de la soledad y necesitadas de afecto.
- MANTENER UNA BUENA SALUD: experimenta un notable avance a medida que sube la tasa de edad. De tener escasa incidencia en los jóvenes, comienza a preocupar a la edad mediana, y en las personas mayores llega a superar, con diferencia, a los

otros anhelos. Una curva que no necesita muchas explicaciones, pues es inversamente proporcional a la curva de la vida.

- ALCANZAR ÉXITO PROFESIONAL: es la gran ambición de los más jóvenes, deseosos de poner a prueba sus cualidades. En los adultos ocupa el segundo puesto, muy por debajo de la ambición económica, aunque hay que tener en cuenta la estrecha relación entre ambos anhelos. Entre los mayores registra una cifra muy baja, tal vez porque algunos ya han triunfado y el resto haya renunciado a ello.

Saber cuál es nuestro verdadero deseo, aquello que queremos obtener en la vida, es fundamental para sacar provecho de nuestra buena suerte. Ese deseo puede cambiar a lo largo del tiempo, y de hecho eso es lo que sucede en la mayoría de los casos. Tampoco tiene por qué ser único, ya que lo habitual es una combinación de dos o más propósitos de vida.

LA FELICIDAD MULTIFORME

Al afirmar que nuestra mente no puede escoger un único anhelo que colme toda una vida, los psicólogos asumen esa diversidad de objetivos a conseguir para sentirse feliz. Y también que esos objetivos pueden ser diversos pero no múltiples, e incluso que llegan a ser distintos a lo largo de la vida. En líneas generales, y salvo excepciones, todos queremos obtener y mantener las tres variables que ensalzaba una antigua canción: «salud, dinero y amor». Por supuesto que cada persona puede valorarlas en distinto grado, pero es difícil que alguien pueda desdeñar alguna de las tres.

El listo lector o la exigente lectora pueden objetar que la vida está llena de ejemplos que desdicen mi aserto. Aventureros célebres que han arriesgado una y otra vez su integridad física; grandes sabios e inventores despreocupados por su situación económica; famosos artistas que han llevado una vida afectiva caótica e insatisfactoria. Y sin embargo, insistirán lector y lectora al unísono, todos alcanzaron un notable éxito. Vale, me resignaré a responderles, pero... ¿sabemos si fueron realmente felices?

Es oportuno hacer aquí una breve digresión sobre el éxito y la felicidad, que no son exactamente lo mismo.

El éxito es triunfar en lo que nos hemos propuesto, frente a los demás (cuantos más mejor), el gran público, los medios masivos de comunicación.

La felicidad es algo personal, que puede compartirse con un círculo íntimo, sin necesidad de un reconocimiento ajeno.

Ambos representan ambiciones legítimas y gratificantes, pero no son lo mismo. Mi vecino Peter, es un hombre feliz, cuyo éxito no excede el ser reconocido por sus colegas de profesión, admirado por sus alumnos y respetado por sus superiores. Por el contrario, me atrevería a decir que algunas de las figuras más exitosas del mundo del espectáculo, como Marilyn Monroe o Michael Jackson, son ejemplo de una vida personal muy desdichada.

Hacer una distinción no significa exigir una opción. No tenemos porqué renunciar al éxito o a la felicidad, y menos aun a lo uno por lo otro. Son logros diferentes pero no antagónicos, y no cabe duda de que pueden ayudarse mutuamente. La cuestión reside en la medida o la dimensión de nuestras aspiraciones en cada caso. Mi amigo Warren alcanzó un gran éxito en su carrera de cantante, aunque no hasta su desmedido anhelo de ser el nuevo Caruso.

> «El éxito es conseguir lo que quieres;
> la felicidad es querer lo que has conseguido.»
>
> DALE CARNEGIE

Las personas afortunadas tienen muy claro lo que desean de la vida, qué es lo que esperan conseguir aprovechando su buena suerte. Saber cuál es su auténtico objetivo les permite manejar el azar con una actitud a la vez lúcida y relajada. Como dice el profesor Wiseman: «la gente afortunada y la desafortunada tienen expectativas sorprendentemente disímiles sobre su futuro. Estas expectativas juegan un papel vital para explicar por qué unos obtienen sus deseos con sorprendente facilidad, mientras los otros rara vez consiguen lo que esperan de la vida».

Y añade más adelante: «Lo importante es entender la razón de que esos dos tipos de personalidad tengan ideas tan opuestas sobre lo que les reserva el futuro». Unos esperan ser felices y mantener una situación de bienestar, los otros parecen seguros de que serán infelices y miserables; unos creen que alcanzarán todas sus metas y serán admirados y queridos; los otros se auguran un inevitable fracaso y sospechan que nunca obtendrán reconocimiento ni afecto.

Wiseman y otros investigadores han señalado que la definición del anhelo de ser feliz no sólo puede contemplar diversos aspectos, sino también variar de acuerdo a las etapas vitales de cada uno. El objetivo a alcanzar y el concepto mismo de felicidad no son los mismos para un chico de 20 años que para un hombre de 50. Y, desde luego, lo mismo ocurre con las mujeres. Hay muchas razones esperables para explicar esos cambios, entre ellas los ciclos individuales más corrientes (estudios, empleo, matrimonio, paternidad, jubilación, etc.) y los numerosos avatares que los condicionan, más la maduración, la experiencia, o los acontecimientos que pueden modificar nuestros puntos de vista.

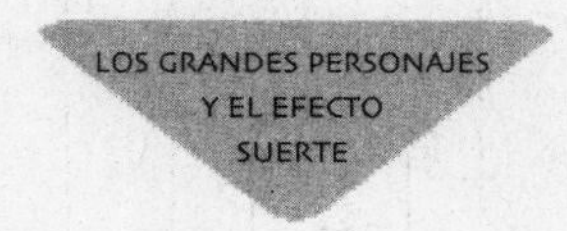

COCO CHANEL: LA OBSTINADA TRIUNFADORA

La humilde huérfana parisina que no sabía coser y llegó a revolucionar la moda femenina, se trabajó ese excepcional éxito a partir de una obstinada persecución de sus propósitos. La llamaban «Coco» Chanel, y desde 1920 ese apellido basta para definir el prestigio y el estilo de un vestido, un bolso, una chaqueta, una falda, un par de zapatos, un sombrero o un perfume. Su vida fue larga, excitante y exitosa, al punto que las figuras más reconocidas de la alta costura la consagraron en forma unánime como «gran árbitro de la moda del siglo XX».

Gabrielle Bonheur Chanel nació en Saumur, en los alrededores de París, en 1883. Como en un cuento de Dickens, quedó huérfana a los seis años y pasó a vivir con dos tías solteras en la región rural de Auvernia. En ese ambiente provinciano y pacato, la niña aprendió que una joven de familia debe saber sentarse derecha, hablar educadamente, bordar y coser. Curiosamente, esta última cualidad se le dio fatal, por lo que la reemplazó por la equitación. Al llegar a la adolescencia ya había decidido que iba a construirse una magnífica suerte, como fuera y donde fuera, menos en Auvernia. La gran ocasión se presentó en la figura de un apuesto oficial de caballería llamado Etienne Balsan. Coco tenía 16 años y se enamoró oportunamente de él, que sumaba a sus atractivos la virtud de ser millonario. Poco después la joven se fugó de casa para vivir con su amado en París.

Se dice que fue Balsan el primero en llamarla con el apodo de Coco (mascota) y a su lado ella tuvo ocasión de conocer y aprender los modos y las modas de la aristocracia. Lo que más le sorprendía eran los grandes e incómodos sombreros que lucían las damas de alcurnia, drapeados como una boa y adornados con plumas de avestruz. Su intuición le decía que las propias señoras debían estar hartas de tan ostentosos cubrecabezas, y se dijo que ella era capaz de inventar e imponer algo distinto. Esa decisión fue el descubrimiento de una firme meta personal.

Coco comenzó a visionar otros modelos totalmente nuevos, más cómodos y livianos, y para poner en marcha su idea alquiló un local en Deauville. Allí abrió una sombrerería con taller propio, en la que también se vendían otras prendas de su creación. A Etienne no le hizo mucha gracia que su novia se convirtiera en algo así como una modistilla, con la vulgar intención de ganar fama y dinero. Al principio Coco intentó conciliar su amor y su vocación, pero las nubes de tormenta se cernían amenazantes sobre la pareja.

> «Hay un tiempo para el trabajo
> y un tiempo para el amor;
> después ya no queda más tiempo.»
>
> COCO CHANEL

Coco Chanel se convirtió en una musa de la moda, la elegancia y el buen gusto debido a su instinto para saber aprovechar las oportunidades.

Tras romper su relación con Balsan, Coco buscó alguien con quien compartir su «tiempo para el amor», pero sin bajar el listón. El agraciado fue el inglés Arthur Capel, que también tenía que ver con la equitación y con el mucho dinero. Jugador de polo y millonario, Capel obsequió a Coco con varias joyas espléndidas, que iniciaron la magnífica colección que ella reuniría a lo largo de su vida. Es posible que el polista haya colaborado para que Chanel inaugurara su primera tienda en París, y es seguro que su casaca de montar inspiró una de las prendas más típicas de Coco: la chaqueta a la cintura de bordes ribeteados y hombros cuadrados. Su taller parisino no sólo mantuvo su clientela aristocrática, sino que la amplió a señoras menos encopetadas, atraídas por aquellos prácticos y graciosos sombreritos, que Chanel ofrecía a precios razonables.

Una vez más Coco cambió de pareja sentimental, liándose nada menos que con el duque de Westminster. Según las crónicas éste fue su más auténtico amor, y también el más renombrado. El duque hizo una entusiasta y valiosa aportación a la colección de joyas de la ascendente modista, cuya intuitiva creatividad seguía produciendo sin cesar y dando siempre en el blanco del gusto y las necesidades femeninas: jerséis conjuntados, camisas de corte masculino, vestidos y trajes funcionales, sus famosos turbantes drapeados, chaquetas blazer, casacas con alamares, camisetas plisadas, las famosas «rebecas» de punto, las zapatillas con tiras y los vestidos sin tirantes, fueron algunas de sus obras más exitosas, siempre originales y siempre cuestionando la pretenciosa tradición de la alta costura.

Mientras la fama y los ingresos de Chanel se multiplicaban aceleradamente, Westminster le planteó un impaciente ultimátum: o fijaban fecha para la boda, o él recuperaba su libertad sentimental. Convertirse en una duquesa era sin duda el cenit de la suerte que siempre había acompañado a Coco. Pero ella se pensó muy bien si era ése el tipo de meta que deseaba alcanzar, y decidió simplemente que no. Su frase al comentar su ruptura con el duque llegó a hacerse célebre: «Hay muchas duquesas, pero sólo una Coco Chanel».

Hacia 1938 el éxito del modista italiano Schiaparelli amenazaba la primacía de Chanel, mientras el estallido de una segunda guerra europea parecía inminente. Chanel acababa de cumplir 55 años, y no se sentía con fuerzas para soportar ningún tipo de conflicto. Se retiró entonces a Suiza, donde permaneció los quince años siguientes, alternando con breves estadías en su casa de Vichy. En 1954 reapareció para inaugurar en su salón de París el lanzamiento de sus perfumes, entre ellos el famoso e indeclinable Chanel No. 5. Al año siguiente presentó el que sería su traje femenino arquetípico: chaqueta corta y sin cuello, con una camiseta de tela delgada y brillante, y una falda recta que dejaba ver la rodilla. Los comentaristas de moda criticaron el nuevo modelo, señalando que Coco había perdido inspiración y vaticinándole su primer gran fracaso. Lo cierto es que «el Chanel» arrasó entre el público femenino y numerosas casa rivales se dedicaron a copiarlo sin rubor. Resulta curioso que mientras un conjunto original de Chanel valía unos 700 dólares en su atelier, las copias piratas de las tiendas de modas llegaban a veces a doblar ese precio. A Coco no le importaba demasiado el ser copiada: «No soy una artista –decía–, quiero que mis modelos circulen y se vean por la calle». E insistió en crear prendas fáciles de copiar y fabricar por su diseño sencillo, su corte simple, y sus telas de precio asequible. Sabía que los verdaderamente grandes, como Picasso o Chaplin, se ufanaban de tener muchos imitadores. Y ella sólo anhelaba ser la más grande.

Coco Chanel murió en 1971, con 88 años. Dejó tres sencillos conjuntos de vestir en su armario, y un imperio de moda con beneficios de 160 millones de dólares anuales. Entre sus clientes más fieles se contaron Marlene Dietrich, Grace de Mónaco, la reina Fabiola o Ingrid Bergman, junto a todas las Rothschild y buena parte de las Rockefeller. Fue la primera modista de altura en pensar que la estética no está reñida con la comodidad y en no poner nombres románticos o exóticos a sus perfumes. Uno de ellos llegó a protagonizar una conocida anécdota de Marilyn Monroe; cuando se le preguntó qué llevaba puesto en la famosa foto del calendario, ella respondió: «Chanel No. 5».

NORMA NÚMERO 3
CONFÍA EN TUS CUALIDADES

Jimmy había sido un estudiante brillante en la Universidad, destacando por su inteligencia, habilidad y aptitudes, tanto en el estudio como en los deportes o en la vida social estudiantil. Después de graduarse en el primer puesto de su promoción, sus profesores y compañeros no tenían dudas sobre su futuro éxito en la vida. Cinco años después Mark, uno de sus antiguos condiscípulos, tropezó con él por casualidad y lo invitó a tomar un par de refrescos.

Jimmy no mostraba precisamente el aspecto de un triunfador, y apenas tomaron asiento en la cafetería comenzó a lamentarse ante su amigo por su mala suerte. Le explicó, compungido, que desde que dejó la Universidad todo le había ido fatal: su novia de siempre lo había dejado para casarse con otro, fue despedido injustamente de su primer empleo, un año atrás había sufrido un accidente de coche que lo envió tres meses al hospital, y ahora malvivía sin conseguir encontrar un trabajo decente.

–Soy un desastre, Mark –dijo casi lloriqueando–. No sé qué voy a ser..., no sirvo para nada...

Mark le palmeó la mano y luego extrajo de su cartera un billete de 100 dólares.

–No lo tomes a mal, Jimmy –dijo–, pero me gustaría dejarte estos cien dólares como un homenaje a los viejos tiempos.

Jimmy miró vacilante el dinero y extendió la mano:

–Vale, gracias Mark, la verdad es que no me vienen mal...

Con un gesto rápido Mark cerró el puño sobre el billete y lo estrujó varias veces entre los dedos. Luego lo mostró completamente arrugado.

–¿Aún lo sigues queriendo? –preguntó.

–No sé lo que pretendes... –titubeó Jimmy–, pero continúan siendo cien dólares. Puedo plancharlos un poco y hacerlos servir.

Mark asintió y sin decir palabra cogió su vaso de coca-cola con la otra mano y empapó el estrujado billete.

–¿Qué me dices?

Jimmy dirigió una ojeada inquisitiva al dinero, y luego al rostro de su amigo.

–Lo aceptaré de todas formas –decidió–. No deja de ser un billete de cien dólares.

–Hum... –comentó Mark.

Luego dejó caer el billete, lo pisó con uno de sus zapatones, y lo restregó contra el suelo una y otra vez. Cuando apartó el pie, el trozo de papel moneda era una piltrafa irreconocible. Mark se recostó en su silla con una mirada desafiante. Jimmy se agachó lentamente para recogerlo, lo envolvió con cuidado en una servilleta de papel, y lo deslizó dentro de su bolsillo.

–Te has ensañado con este billete, pero no ha perdido ni un céntimo de su valor. Todo lo que debo hacer es cambiarlo en un banco...

–Tampoco tú has perdido ni un ápice de tu valor, Jimmy –dijo Mark con una sonrisa–. Aunque la mala suerte se haya ensañado contigo, ¡sigues siendo el mismo tipo brillante que admirábamos en la Universidad! Y eso, querido amigo, es lo único que importa.

Cuenta la moraleja que Jimmy no cambió en el banco el maltratado billete, sino que lo puso en un marco en su despacho como recuerdo de aquel encuentro que cambió su vida. Sea real o ficticia, esta historia circula entre los investigadores de la suerte y yo mismo la he utilizado a veces como ejemplo de una de las principales cualidades que permiten tener la fortuna de nuestro lado: una indestructible confianza en lo que valemos, aún en medio de las peores calamidades.

Esa confianza en uno mismo, que los psicólogos llamamos autoestima, no es un don que traemos al nacer ni una bendición que nos cae del cielo. Es una actitud que debemos trabajar y desarrollar en base a nuestros auténticos valores y aptitudes personales. Pensar que la autoestima consiste en decidir que eres una persona maravillosa, es simplemente una estupidez que se llama autocomplacencia. Si supervaloramos excesivamente nuestras cualidades, sólo conseguiremos precipitarnos y hacer el ridículo ante los demás. Dos consecuencias no muy apreciables para obtener el control de nuestra suerte.

¿Cómo conseguir entonces una auténtica autoestima, basada en nuestros valores y aptitudes? Hace un tiempo confeccioné una lista personal de pasos recomendables que me sirviera como herramienta de trabajo. Ha funcionado bien en diversas ocasiones y lo considero lo bastante útil como para incluirlo a continuación:

SEIS PASOS DE LA AUTÉNTICA AUTOESTIMA

❶ CONOCE Y RECONOCE TUS APTITUDES Y VALORES

Revisa las condiciones positivas que crees que posees, tratando de ser lo más sincero posible contigo mismo. Debes incluir todas las variables que pueden influir en tu personalidad: carácter, actitudes, conocimientos, estudios, experiencia, trabajo, afectividad, ambiciones, etc. Haz una lista de ellas, vuelve a repasarlas una por una, y si quieres asígnales una puntuación. Es conveniente que descartes algunas, para poner en práctica una sana autoexigencia.

❷ CONSÚLTALO CON OTROS QUE TE CONOCEN

Busca entre tus relaciones las personas que consideras que te estiman y te conocen bien, y averigua qué piensan ellas de tu lista. Procura hacer una consulta especializada, según los ámbitos y actividades (Por ejemplo, no le preguntes a tu madre sobre tus capacidades laborales o a tu jefe sobre tus cualidades afectivas). A las que tengas más confianza o admiración puedes someterles la lista completa.

❸ CONTRASTA SUS OPINIONES CON LAS TUYAS

Aunque el paso anterior tiene una importancia indiscutible, en el fondo nadie puede conocerte mejor que tú mismo. Si alguna opinión consultada te parece extrema –ya sea a tu favor o en contra–, enfréntala con tu propia valoración y, como los médicos solemos hacer en algunos casos, busca una tercera opinión.

❹ HAZ UNA PRUEBA EN LA PRÁCTICA

Otórgate un periodo razonable de prueba (por ejemplo, unos 2 o 3 meses) para comprobar que cada una de las virtudes que han superado los pasos anteriores funciona efectivamente en la práctica. Trata de no hacerte trampas, esforzándote especialmente para que un valor o aptitud resulte «aprobado». Lo mejor es que no pienses en la lista durante la jornada cotidiana, y juzgues sus resultados a posteriori, por ejemplo una vez por semana.

❺ CONFECCIONA LA LISTA DEFINITIVA

Ahora ya sabes de qué cualidades personales puedes sentirte seguro y orgulloso. Apúntalas en una lista definitiva, y concéntrate en ellas para asumirlas e interiorizarlas como las sólidas virtudes que justifican tu autoestima. No importa que sean pocas o no muy excepcionales. Tú sabes que puedes confiar en ellas, y por lo tanto confiar en ti mismo.

❻ ¡OLVIDA LA LISTA!

Una vez que sabes lo que vales, te aconsejo arrojar la lista a la papelera. No puedes andar por el mundo diciéndote a cada paso «soy muy simpático» o «sé todo lo que hay que saber sobre tal cosa». Si tienes que pensar en por qué te estimas, es que no te tienes mucha confianza. Actúa simplemente con naturalidad y seguridad, que tus cualidades ya se encargarán por sí mismas de que tengas éxito.

> «La buena suerte es tímida;
> nunca se presenta cuando estás mirando.»
>
> TENNESSEE WILLIAMS

Tal vez deba advertir que estos consejos no son la poción mágica del druida de Astérix. Sirven habitualmente para aclarar y reforzar nuestros valores, pero su éxito depende en gran medida de una actitud previa positiva y de un mínimo de fe o al menos de esperanza. No me avergüenza reconocer que no ha dado resultado alguno con ciertos pacientes, demasiado deprimidos o autodestructivos como para hacer el esfuerzo con cierta coherencia. Como dice el proverbio chino: «Un recorrido de cien mil pasos comienza con un paso».

EN BUSCA DE LA AUTOEFICACIA

La confianza en sí mismo adquiere una importancia clave cuando se trata de alcanzar un objetivo muy determinado, por parte de emprendedores en el campo empresarial o social. Uno de los factores que más influyen en el fracaso de este tipo de empeños, es pensar que no se podrá alcanzar esa meta, o tan sólo ponerlo en duda. Por el contrario, la absoluta convicción de que puedes lograrlo es un factor tanto o más importante que tus cualidades y tu capacidad para conseguirlo. A partir de esta premisa el Dr. Albert Bandura, de la Universidad de Stanford ha elaborado toda una teoría de la autoeficacia, basándose en trabajos anteriores de Atkinson, McClelland, Miner, y otros autores.

Las investigaciones realizadas en los últimos años a partir de la teoría de Bandura han demostrado que los individuos que se desempeñan como emprendedores, actúan con mayor eficacia cuando no dudan de su habilidad para llevar a buen fin su objetivo. Las conclusiones de esos estudios recomiendan la técnica del «como si», o sea imaginar que eres capaz de hacerlo, porque posees las condiciones para lograr tu propósito, y que realmente tienes el carácter y las cualidades para conseguirlo. De esa forma te vas creando una nueva imagen de ti mismo, que genera una mayor confianza en el resultado de tus actos.

Otra comprobación interesante es que las personas se comprometen y motivan más en aquellas acciones cuyo objetivo valoran positivamente, y estarán menos predispuestas al éxito en tareas cuyos resultados no valoran. La calidad de la expectativa influye en el juicio sobre la propia capacidad para alcanzarla e interactúa con los resultados estimados, determinando el monto de compromiso personal en esa acción.

> «Las expectativas sobre el resultado
> influyen en la motivación y predicen la conducta.»
>
> ALFRED BANDURA

El alcanzar con éxito una meta determinada, sostiene Bandura, depende de tres elementos básicos:

- PENSAR «COMO SI» LO HUBIÉSEMOS CONSEGUIDO
  Lo que nos permitirá visualizar los pasos necesarios y descubrir aptitudes propias que no habíamos tenido en cuenta o no conocíamos.

- **Comprometernos con el resultado**
  Buscar en el objetivo propuesto los aspectos favorables que nos permitan valorarlo positivamente.
- **Actuar con autoeficacia**
  Lanzarnos a la tarea convencidos de que somos capaces de alcanzar la meta propuesta.

> «No trates de ser una persona exitosa,
> sino una persona valiosa.»
> ALBERT EINSTEIN

No debemos creer que este método consiste en fingir que valoramos lo que no nos interesa, o engañarnos sobre nuestras verdaderas cualidades. Su objetivo es hacernos confiar en las capacidades propias y proporcionarnos una legítima motivación para una tarea cuyos resultados juzgamos positivos. Si trabajamos sólo uno de estos aspectos es posible que alcancemos un alto sentido de autoeficacia junto a expectativas negativas sobre el resultado, o valoremos una meta como muy positiva pero no nos sintamos capaces de alcanzarla. Como dice el mismo Bandura, «un sentido alto de eficacia no puede producir ninguna conducta consistente, si el individuo también cree que comprometerse en esa conducta tendrá efectos indeseables».

Esta advertencia vale en realidad para todo el tema de este capítulo. Los científicos recomiendan una sólida confianza en uno mismo como factor determinante de la buena suerte, pero de nada sirve esa autoestima si no se evalúan y valoran los resultados antes de ponerla en acción.

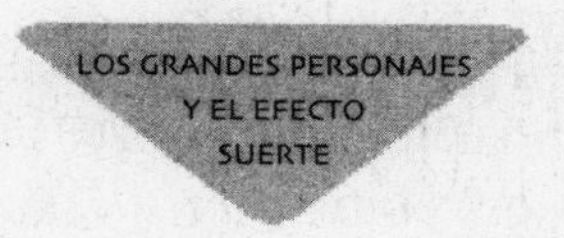

LA EXCESIVA FE EN SÍ MISMO DE NAPOLEÓN

A principios de 1812 Napoleón Bonaparte se había adueñado de casi toda Europa, gracias a su notable talento militar y a una magnífica estrella de buena suerte. El emperador galo gozaba de todas las cualidades para haber culminado con éxito aquella monumental empresa. Entre ellas, como sabemos, una insobornable fe en sí mismo y la absoluta convicción de que lograría sus objetivos. Pero también fue esa la clave de su primera gran derrota: la frustrada invasión del Imperio Ruso.

Vaya por delante que esa invasión resultaba totalmente innecesaria. Rusia era entonces un leal aliado cuyo soberano, Alejandro I, admiraba profundamente a Napoleón. Pero éste recelaba de que el zar acabara cediendo a las presiones de Inglaterra, y lo encerraran en una pinza formada por los cosacos de Alejandro y las tropas de Wellington estacionadas en España. Entre las varias soluciones posibles el emperador, desoyendo la opinión de sus mariscales, optó por la más audaz: marchar sobre Moscú para darle una lección al zar. Su plan era una campaña relámpago, una especie de cachetazo militar que le bajara los humos a Alejandro para luego establecer un nuevo acuerdo. Esto le permitiría marchar luego con más calma sobre Turquía, o quizá la propia India.

Serios estudiosos han establecido que el gran error de Bonaparte fue no prever la llegada del terrible invierno ruso.

Pero esa es sólo la punta del iceberg de los desastres que marcaron la campaña, en su mayor parte atribuibles a la desbordada confianza de Napoleón en su propia leyenda. Al error inicial de atacar a un pacífico aliado, sólo para demostrarle quién mandaba en Europa, Napoleón agregó una incomprensible displicencia en la preparación de la campaña. Para comenzar despreció a posibles colaboradores en la empresa, como los soberanos de Prusia, Austria o Suecia. Tampoco tuvo en cuenta las condiciones que encontrarían sus tropas en un país inmenso y miserable. Habituado a alimentar a los soldados y cabalgaduras por medio de compras o pillajes a los numerosos y prósperos agricultores de la Europa Occidental, no previó que no hallarían lo mismo en las extensas y casi deshabitadas llanuras de la Rusia occidental. El resultado fue que las tropas invasoras recorrieron cientos de kilómetros hambrientas, sedientas, y sin recambios para los equipos, calzados y ropas.

El ególatra en invierno

El presuntuoso error de considerar que el ataque a Moscú sería una sencilla y veloz incursión de ida y vuelta, convirtió aquel presunto «paseo militar» en un penoso avance hacia la nada. Para colmo los incompetentes generales zaristas no conseguían ofrecer una batalla frontal que, al margen del resultado, hubiera permitido negociar una tregua. La ausencia del fantasmal enemigo obligó a seguir avanzando hacia un objetivo que nunca acababa de aparecer en el horizonte. La primera batalla digna de tal nombre se produjo en septiembre en Borodino. El debilitado ejército napoleónico sufrió importantes bajas, pero consi-

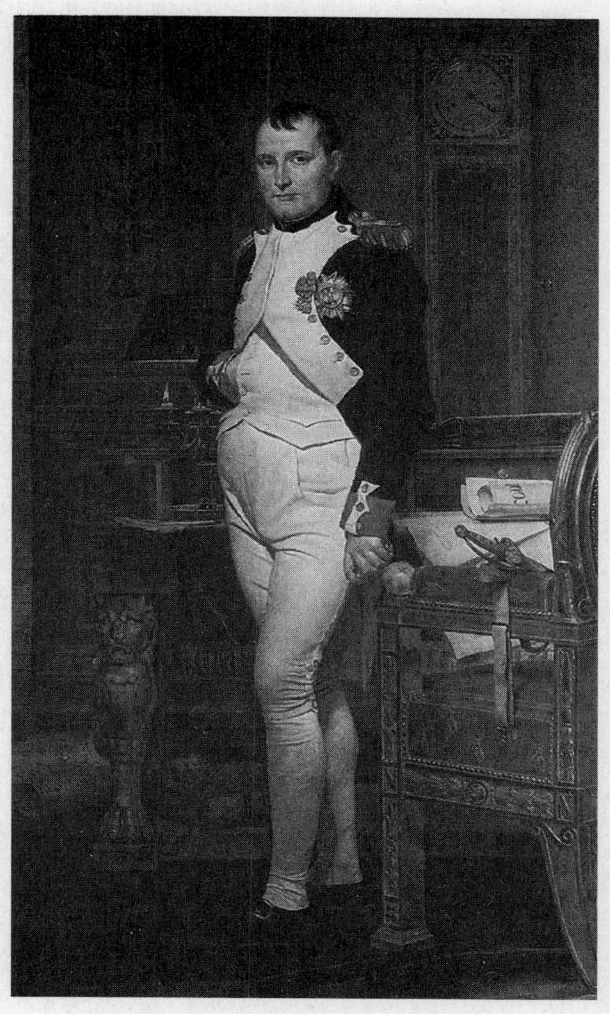

El orgullo excesivo y la falta de atención a sus asesores y estrategas llevó a Napoleón Bonaparte a emprender la campaña contra Rusia, en un ejemplo histórico de las consecuencias de no tener en cuenta las verdaderas cualidades, las propias y las ajenas.

guió diezmar a los rusos en un tremendo baño de sangre. Los supervivientes huyeron despavoridos, incendiando de paso Moscú.

En ese momento Bonaparte aún podía retirarse en orden a Vilna (actual capital de Lituania), y montar allí cuarteles de invierno, preparando una nueva invasión estival con su ejército más fresco y recuperado. Pero, urgido por su egolatría, persiguió al enemigo en fuga durante veinte días más, esperando obtener por fin una gran victoria. Las bajas temperaturas lo obligaron a retirarse a fines de octubre, con sus tropas agotadas. El acoso del frío helado y de los ataques tipo guerrilla de los cosacos, convirtieron aquella patética retirada en una de las derrotas más humillantes de la historia. El gran derrotado no fue el ejército invasor, sino el desbordado amor propio de un hombre que llegó a creerse invencible. Su trágico error arrojó 400.000 bajas mortales, de las cuales sólo 100.000 se produjeron en combate.

Por fortuna, la gente normal y corriente no tiene posibilidad alguna de que su exceso de orgullo y autoestima llegue a producir consecuencias tan terribles. Sin embargo, si exageramos nuestra suficiencia, podemos protagonizar una derrota más modesta pero no menos patética que la de Bonaparte en Rusia.

NORMA NÚMERO 4
APROVECHA LAS OPORTUNIDADES

Los filósofos griegos llamaban *kairos* a ese momento único en que la ocasión se presenta ante nuestras narices. Los anglosajones, por su parte, explican que la oportunidad de éxito consiste en *«the right man, in the right place, at the right time»*. Lo que viene a significar que debes estar preparado y atento, sabiendo cuál es el sitio donde suele presentarse una oportunidad, y el momento en que esto puede ocurrir. Y sobre todo pescar al vuelo el *kairos*, antes de que pase de largo.

Las tres condiciones son inseparables, y de nada vale que se dé una sola de ellas, o incluso dos. «Tengo mala suerte –me decía hace poco un joven electricista–. Soy bueno en mi trabajo, pero quiero cambiar de empleo. Leo detenidamente los anuncios en la prensa, y hace unos días vi uno que solicitaba con urgencia un instalador de circuitos eléctricos. ¡Era mi gran ocasión! De forma que al día siguiente a primera hora me presenté en el lugar indicado; pero ya habían contratado a otro la tarde anterior». ¿Mala suerte? Ese muchacho sin duda era bueno para el puesto, y supo ver el anuncio apropiado. La oportunidad estaba servida, pero le faltó el tercer requisito: presentarse allí en el momento oportuno.

El concepto de *kairos* conlleva un matiz de algo inesperado y un poco mágico, como todo lo que tiene que ver con la suerte. Y es cierto que no podemos prever ni fabricar una buena oportunidad, un golpe favorable del destino. Pero tampoco se trata de sentarse a esperar pensando que, dado lo mucho que valemos, la ocasión nos caerá tarde o temprano. Uno de mis antiguos profesores decía que «para encontrar un trébol de cuatro hojas, hay que arrastrarse a cuatro patas por el prado».

Para él la oportunidad afortunada no caía del cielo, sino que requería cinco pasos sucesivos: disposición, situación, atención, decisión, y acción.

- LA DISPOSICIÓN consiste, según mi viejo profesor, en no considerar que nuestra situación presente es definitiva o que hemos llegado al límite de nuestras posibilidades. Mantener una actitud expectante pero serena, y no rechazar de entrada ninguna posibilidad de modificación o de cambio.
- LA SITUACIÓN refiere a aquello del lugar y el momento apropiados. Debemos movernos en el espacio frecuentando lugares nuevos, y en el tiempo alterando siempre que sea posible nuestra rutina. La suerte ya es bastante esquiva para creer que además vendrá a buscarnos a casa o en nuestro horario de oficina (Internet es un excelente medio para buscar oportunidades al azar, sin tener que trasladarnos).
- LA ATENCIÓN a nuevas oportunidades consiste en diversificar nuestros intereses y dejar correr la curiosidad y la intuición. La ocasión suele durar poco tiempo y a menudo se presenta

oculta tras una aparente banalidad. Depende de nuestra atención el que sepamos descubrirla.

- LA DECISIÓN acertada supone rapidez mental, serenidad, y sentido del riesgo. También es muy importante atender a nuestras «corazonadas», ya jueguen a favor o en contra de la ocasión que la suerte nos propone. Una reflexión relajada no tiene por qué ser lenta, ni tampoco absolutamente racional.
- LA ACCIÓN es el momento de poner en juego todas nuestras cualidades de persona afortunada. Debe iniciarse y desarrollarse en el «tempo» justo, exprimir al máximo esas virtudes y las posibles sinergias entre ellas, y avanzar con serena determinación a la conquista de esa oportunidad.

> «El secreto para triunfar en la vida,
> es estar preparado cuando llega la oportunidad.»
>
> BENJAMÍN DISRAELI

Las personas que han tenido suerte en la vida, se caracterizan por descubrir y aceptar sus oportunidades. Las entrevistas y encuestas realizadas por los investigadores revelan que esas personas suelen concurrir a reuniones o fiestas donde pueden encontrar gente interesante, leer la prensa con un ojo atento a cualquier información novedosa, ser internautas curiosos y versátiles, y en general mantener la mente abierta a todo lo que sea nuevo, diferente, extraño, o provocativo. Sea cual sea su situación, no la consideran definitiva; están dispuestos a emprender nuevos caminos si creen que éstos pueden ser mejores para sus objetivos.

La prueba del periódico

Un conocido investigador británico realizó una curiosa prueba para comprobar que la gente no suele estar atenta a lo que le puede interesar, cuando se concentra demasiado en una sola cosa. Entró en el pub de su barrio y repartió a la veintena de parroquianos presentes otros tantos periódicos. Luego les dijo que al primero que contara correctamente cuántas fotografías contenía el diario, le entregaría un billete de 20 libras. Mi colega había trucado una de las primeras páginas, insertando un anuncio de buen tamaño que ponía: «Deja de contar, amigo. En este ejemplar hay 38 fotos».

Pero, enfrascados en contar las fotografías... ¡ninguno de los lectores vio el anuncio!

Hemos dicho ya que la gente afortunada no tiene más oportunidades en la vida que los que se consideran infortunados. La diferencia consiste en la percepción y la evaluación de esas oportunidades. Veamos como funciona cada una de esas aptitudes:

La percepción

Percibir es advertir y reconocer algo que se presenta ante nosotros. Y también podemos percibir o no un ambiente que nos rodea, una actitud de otro, una necesidad nueva, etc. La percepción actúa como una especie de sintonía, que puede ser más amplia o más estrecha según la «banda» de que disponga. Si siempre dedicamos obsesivamente nuestra atención a las mismas dos o tres cosas, nuestra sintonía será fija y cerrada, sin percibir las emisiones que pasan fuera de esa banda limitada.

Si, en cambio, nos mantenemos tranquilos y cumplimos con serenidad las tareas cotidianas, nuestra percepción se mantendrá abierta a las ocasiones y oportunidades que nos ofrezca la vida.

La evaluación

Supongamos que hemos *percibido* que determinada circunstancia o persona puede ser una oportunidad para impulsar nuestra buena suerte. Podemos decidir que es demasiado incierta o arriesgada, y renunciar a esa ocasión. O podemos apostar por ella e instrumentarla de alguna manera, para ver lo que puede dar de sí.

Los «tipos con suerte» siempre apuestan a esta segunda opción, porque confían en sí mismos y están dispuestos a recuperarse si la cosa sale mal.

> «Para subir por la escalera del éxito,
> hay que detenerse en los peldaños de la oportunidad.»
>
> Ayn Rand

Dos sabios con suerte

Las oportunidades pueden surgir de las situaciones más ajenas y banales, como ilustran dos casos extraídos de la historia de la ciencia:

Durante una epidemia de viruela a finales del siglo XVIII, el médico británico Edward Jenner oyó decir a unos campesinos que la gente que tenía vacas enfermas no cogía la peste. Otro quizá lo hubiera tomado por una superstición rural, pero Jenner decidió averiguar si había algo de cierto en aquel asunto. Después de varios ensayos de laboratorio, en 1796 inoculó por primera vez a un niño con una dosis mínima de una pústula vacuna. La experiencia dio resultado, y demostró que esa pequeña infección provocada inmunizaba contra la enfermedad. Jenner pasó así a la historia de la medicina y en su homenaje todos los recursos inmunológicos semejantes se denominaron genéricamente «vacunas».

Otro médico británico, pero de época más reciente, halló también su ocasión afortunada observando a su alrededor. Durante su práctica advirtió que la gente dejaba enmohecer algo de pan para aplicarlo en caso de que alguien sufriese una herida. ¿Otra superstición? El doctor Alexander Fleming decidió comprobarlo en su laboratorio. Fue así como en 1928 descubrió que el moho contenía el hongo bactericida *penicillium notatum*, que procesado como medicamento con el nombre de Penicilina fue el primer antibiótico de uso efectivo. Gracias a su curiosidad por aquellos trozos de pan viejo, Fleming pudo descubrir un recurso fundamental para la cura de las enfermedades infecciosas. Se le otorgó el título de Sir por su aportación a la ciencia británica, y en 1945 fue galardonado con el Premio Nobel de medicina.

Resulta bastante sorprendente que, tanto Jenner como Fleming, hayan encontrado su gran oportunidad en algo tan extraño a su mentalidad científica como las supersticiones populares. Ambos dispusieron sin duda de esa cualidad que en su lengua se llama *open mind*, o sea una mente abierta a descubrir y explorar campos extraños e incluso opuestos a sus propios conocimientos y valoraciones. No es una actitud fácil de asumir, y menos aun de practicar, pero está presente en prácticamente en todos los casos de oportunidades extraordinarias de buena suerte.

> «El hombre de éxito es el que puede
> construir algo sólido con los ladrillos
> que otros han abandonado.»
>
> DAVID BRINKLEY

ENTRENANDO LA MENTE

Un buen ejercicio de apertura mental, atribuido a Albert Einstein, es el de «pensar al revés». Consiste en plantearse cada tanto la posibilidad de que alguna cosa sea totalmente opuesta a lo que pensamos que es. Por ejemplo, que el cáncer de pulmón provoca afición al tabaco, o que el frío hace hervir el agua. No hizo otra cosa Copérnico cuando imaginó que podía ser la Tierra la que giraba alrededor del Sol, o Colón cuando se empeñó en llegar a las Indias navegando en sentido contrario.

La apertura mental no entra en contradicción con la necesidad de concentrarnos en el objetivo que nos hemos propuesto, porque no se aplica al fin, sino a los medios. Es decir, a las oportunidades que nos allanarán el camino del éxito, aquellos «peldaños de la oportunidad» a los que alude la cita de Ayn Rand. En ese sentido, una mente abierta a la construcción de la buena suerte no busca constantemente nuevos objetivos, sino las mejores ocasiones para alcanzar la meta que se ha propuesto. Y si ese es nuestro anhelo, no hay nada peor que la típica frase de los ignorantes presuntuosos: «Eso no me interesa». Porque lo que en realidad no les interesa es salir de su burbuja, plantearse preguntas difíciles, asomarse fuera de una confortable conformidad.

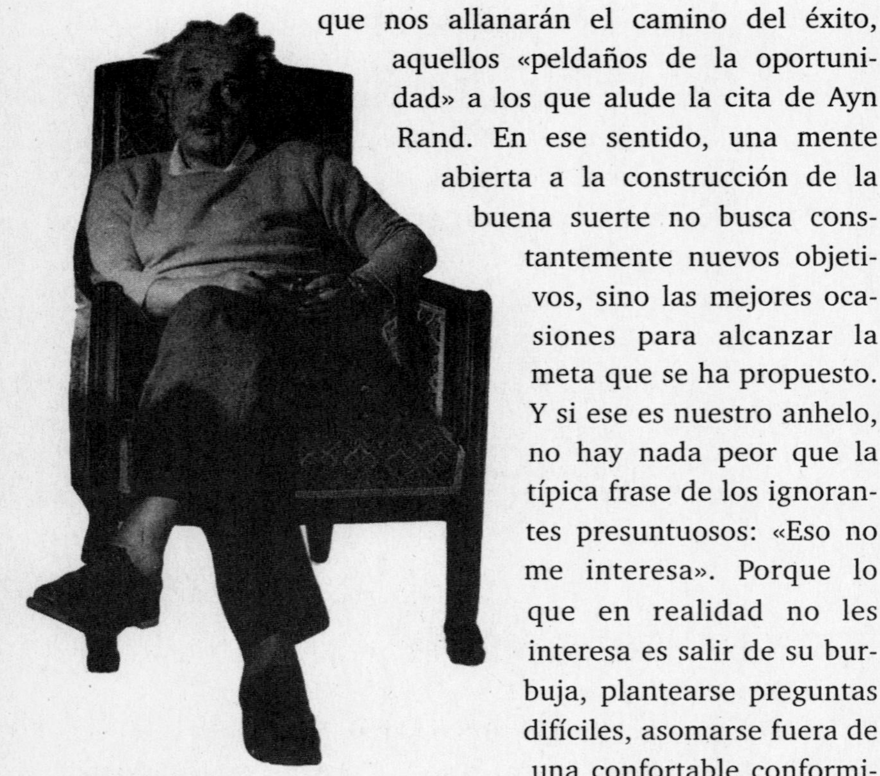

Albert Einstein propuso un ejercicio mental para pensar al revés y de esta manera no descartar ideas que pueden resultar útiles por muy descabelladas que parezcan a primera vista.

Pero si anhelas algo más de lo que ya tienes, necesitas que tu mente esté lo más atenta posible a las oportunidades de desafío y de cambio. Si sospechas que no tienes esa aptitud, o la tienes en medida insuficiente, no te preocupes: todo en la vida puede aprenderse y mejorarse. Por ejemplo practicando el «pensar al revés» de Einstein, y este otro sistema que proponen los expertos:

PARA FACILITAR LAS OPORTUNIDADES

1. PLANTÉATE LAS SIGUIENTES PREGUNTAS:

¿Me interesaría hacer otro trabajo? ¿Cuál o cuáles?
¿Qué podría cambiar de mi rutina cotidiana?
¿Qué es lo más opuesto a mi forma de ser y pensar?
¿Hay algo que podría hacer, pero pienso que no me interesa?
¿Hay algo a mi alrededor que no haya observado?
¿He rechazado recientemente alguna invitación o propuesta?
¿Hay alguien a quien quizá debería tratar más?
¿Sé lo suficiente sobre mis amigos y relaciones?
¿Podría cambiar o alternar mis trayectos habituales?
¿Debería asociarme a una entidad o institución?

2. ESTUDIA CON TRANQUILIDAD ESTAS PREGUNTAS

Descarta o agrega otras que se ajusten mejor a tu situación. Apunta con detención y sinceridad las respuestas que te das a ti mismo, para saber qué actitudes puedes mejorar o cambiar.

3. PON A PRUEBA TU MENTE ABIERTA

Escoge una o dos actitudes que deberías cambiar o mejorar, y ponlas en práctica durante un tiempo, sin ansiedades, hasta ver si puedes incorporarlas. Y luego sigue con otras, para instalar en ti la costumbre de tener la mente abierta.

> «No me atrae el éxito. Prefiero un estado de cambio continuo, con una meta por delante y no detrás.»
>
> GEORGE BERNARD SHAW

Saber reconocer y atrapar una oportunidad no significa necesariamente que ésta nos llevará al éxito. Es posible que la opción inicial haya sido incorrecta, que en el camino cometamos errores que nos perjudiquen, o que un golpe de mala suerte (a veces son realmente imprevisibles), dé al traste con los logros obtenidos. En esos casos, el auténtico «tipo afortunado» no duda en lanzarse a un triple salto mortal sin red.

- La primera vuelta de ese salto mortal consiste en minimizar al máximo las consecuencias negativas.
- La segunda en buscar y aprovechar los posibles aspectos positivos de ese fracaso.
- La tercera vuelta culmina cuando tu habilidad te permite aferrar en el instante exacto la barra del trapecio, o sea una nueva oportunidad.

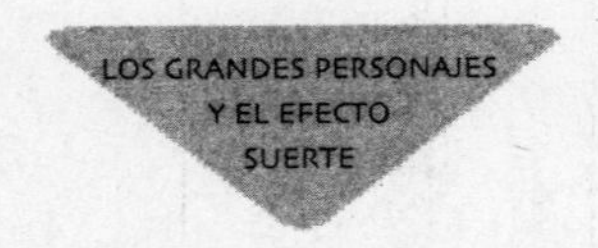

PAUL GETTY: EL MAGNATE AFORTUNADO

Pionero del petróleo, coleccionista, filántropo y multimillonario, Jean Paul Getty dedicó su larga existencia a construir su suerte y su fortuna con un sorprendente éxito. Fue el único petrolero independiente que pudo resistir la competencia y la presión de las grandes compañías multinacionales, sin por eso dejar de disfrutar de la vida y de su afición por el arte. La adversidad lo golpeó duramente varias veces, pero él supo recuperarse con una asombrosa decisión, vitalidad y, desde luego, buena estrella.

Nacido en 1892 en Minneapolis, unos años después su padre, George Getty, dejó su bufete de abogado para buscar fortuna en los territorios petrolíferos de Oklahoma. Allí llegó en 1904, y poco después era ya un próspero petrolero independiente. Decide entonces expandir su negocio a California, donde se instala con su familia. Jean Paul alterna sus estudios con temporadas estivales trabajando como peón en las exploraciones petrolíferas de su padre. La empresa de George Getty creció rápidamente, mientras su hijo asistía a la Universidad de California en Berkeley y más tarde a la Universidad inglesa de Oxford, durante una estancia de cuatro años en Europa.

En 1914 Getty regresó a Oklahoma, instalándose en la ciudad de Tulsa, por entonces atiborrada de aventureros en busca de la fortuna que da el oro negro. Aunque Jean Paul no se asoció formalmente a su padre, éste le proporcionó equipos y algunos fondos para que se iniciara por su cuenta como buscador. El joven, sabiendo que la buena suerte se compone de conocimiento e intuición, se apoyó tanto en los consejos y el olfato de los veteranos, como en rigurosos estudios técnicos sobre el terreno. «Ese chico Getty hace brotar petróleo donde pisa», se comentaba en Tulsa. Lo cierto es que dos años después Jean Paul había ganado su primer millón de dólares, en su mayor parte con perforaciones ilegales y alquilando permisos de explotación.

El afortunado petrolero se «retiró» durante un buen tiempo a Los Ángeles, donde llevó la suntuosa y placentera vida de un playboy muy adinerado. No obstante supo detenerse a tiempo, y en 1919 regresó a sus pozos y sus perforadoras. En los años siguientes tanto George Getty como su hijo alcanzaron un éxito espectacular. El dinero les fluía a manos llenas, tanto de su propio petróleo como de las licencias de explotación que negociaban con terceros. Sólo la fortuna personal de Jean Paul redondeaba ya unos tres millones de dólares, cuando apenas había cumplido los 30 años.

La gesta de un billonario

George Getty murió en 1930, y su hijo pasó a dirigir la floreciente empresa paterna. Pero el difunto no había podido digerir los años disolutos de Jean Paul en Los Ángeles, y dejó el grueso de las acciones a su esposa Sarah. El joven se enfrascó en una larga y compleja negociación con su madre, usando toda su habilidad, que no era poca, y ofreciéndole parte del paquete accionario que acababa de comprar a la Pacific Western. Finalmente la señora Getty cedió, y Jean Paul obtuvo el control de la Getty Oil Company.

Desde esa base de operaciones, Getty construyó un imperio petrolífero autónomo y autosuficiente, cuyo negocio abarcaba la exploración, perforación y extracción del valioso combustible, así como el refinarlo, transportarlo y comercializarlo. El antiguo explorador solitario había crecido tanto, que las poderosas «siete hermanas» del negocio mundial del petróleo comenzaron a preocuparse y decidieron quitarlo de en medio. La que dio la cara fue la Standard Oil, que intentó impedir con amenazas y trapicheos que Getty adquiriera la Tidewater y la Skelly, dos compañías medianas que ambas partes deseaban absorber. Jean Paul acabó ganando el pulso con el gigante, no porque ofreciera más dinero, sino por su astucia y destreza negociadora.

En 1941 Estados Unidos entró en la II Guerra Mundial y Getty, con casi 50 años, se ofreció a la marina pero no fue aceptado. Decidido a colaborar en la contienda (y de paso buscar nuevos caminos para su buena suerte) llegó a un acuerdo con las aviación naval para fabricar equipos de entrenamiento y piezas de aviones en una de sus empresas subsidiarias.

Al acabar el conflicto la creatividad de Getty transformó aquella fábrica para dedicarla a la construcción de caravanas, lo que resultó otro excelente negocio. Luego se lanzó a competir con las grandes compañías por la concesión de los derechos de explotación petrolífera en Oriente Medio. En 1949 obtuvo una entrevista privada con el rey Saud de Arabia, en la que utilizó toda su capacidad de empatía para jugar fuerte: ofreció al monarca invertir 30 millones de dólares en una zona desértica de la frontera con Kuwait, cediéndole una generosa participación en las ganancias. Las «Siete hermanas» intentaron impedir el trato entre Getty y Saud con todo tipo de recursos legales e ilegales. Pero Jean Paul resistió y se salió finalmente con la suya. Aquel territorio yermo contenía inmensos depósitos de petróleo, que en sólo tres años lo convirtieron en un «billionaire» (lo que en inglés americano designa al poseedor de más de 1.000 millones de dólares).

La fama y la extravagancia

En las décadas de los 50 y 60 Getty siguió acrecentando su fortuna, comprando compañías rivales para incorporarlas a la Getty Oil, su gigantesco centro de operaciones que contaba con 200 empresas asociadas y subsidiarias. Siguió presidiendo y mandando ese complejo imperio hasta el día de su muerte, pero tuvo tiempo para convertirse en una atracción pública, un hombre rico, famoso y extravagante, centro de la admiración y la envidia de sus conciudadanos. En 1957 la revista Fortune lo situó en el primer puesto de los hombres más ricos de Estados Unidos, y a partir de entonces su nombre saltó del relativo anonimato de un exitoso hombre de negocios, a la celebridad popular del gran ricachón poderoso, excéntrico, y generoso en obras de beneficencia.

Getty se dedicó a escribir artículos sobre cómo hacerse rico, y a asombrar al público vistiendo pantalones baratos que le caían enormes y jerséis manchados y raídos. En 1959 dejó de vivir en hoteles de lujo y se trasladó su vivienda y su centro de mando a una residencia campestre del siglo XVI en Sutton Place, cerca de Londres. En la mansión, rodeada de un extenso terreno con jardines, piscinas y cascadas, se instalaron muebles sólidos y modestos, más una escueta decoración y los más sofisticados artilugios de seguridad y alarma. Para mayor protección de esa fortaleza privada, dos feroces perros gigantes alsacianos hacían la ronda del jardín, y Getty llegó a adquirir una pareja de leones africanos (*Nerón* y *Teresa*). El billonario de Sutton Place, tan desprendido en su filantropía social, era bastante avaro en su vida personal. Según cuenta su leyenda, había instalado un teléfono de pago junto a la entrada principal, para uso de los visitantes y ahorro de su bolsillo. No obstante, la gente tomaba aquella incongruente cabina telefónica más como una muestra de extravagancia que de tacañería.

El hombre que mostró un talento excepcional para manejar su suerte en el mundo de los negocios, no tuvo la misma fortuna en su vida sentimental. En las décadas de los 20 y 30 se casó y divorció cinco veces, la última a los 48 años. Dos de sus cinco hijos murieron antes que él, y en 1973 su nieto J. Paul Getty III sufrió un sonado secuestro en Italia, del que salió con una oreja cortada por los raptores. Es probable que su único placer fuera el coleccionismo de arte, afición iniciada en su juventud. Al morir en 1976 poseía una importante colección de pintura europea, esculturas clásicas y piezas orientales, que hoy pueden verse en la mansión de Sutton Place y en su casa museo de Malibú, donde descansan sus restos.

NORMA NÚMERO 5
ESCUCHA LO QUE DICE TU INTUICIÓN

En contra de lo que suele pensarse, tomar en cuenta nuestras intuiciones o seguir una «corazonada» puede abrirnos a menudo el camino del éxito. Recientes estudios y encuestas coinciden en señalar que tanto las personas con buena suerte como las desafortunadas, utilizan los mismos métodos ortodoxos y más o menos racionales a la hora de tomar una decisión importante. Ambos grupos se basan en el examen comparativo de las diferentes opciones y en contrastarlas con las metas propuestas y las capacidades personales. ¿Por qué unos aciertan la opción más adecuada y los otros no? La diferencia puede consistir en el uso de la intuición.

La gente tiende a creer que la intuición es una especie de «olfato» que poseen algunas personas para ciertos temas o asuntos. La tradición la atribuye preferentemente a las mujeres, y en particular a las madres, sin que la ciencia haya podido comprobar tal preferencia de sexo y condición. Todas las personas tenemos intuiciones, aunque en muy diverso grado. Y es también muy diversa la forma en que reaccionamos ante ellas. Hay quienes las consideran irrelevantes, quienes las siguen a veces, y quienes les prestan atención seriamente.

Entre estos últimos suelen contarse personas que se consideran muy afortunadas e incluyen a la intuición como uno de los factores fundamentales de su éxito.

LA PAPELERA SUBYACENTE

Hace ya tiempo que los psicólogos sabemos que la intuición no es un misterioso «poder» del que están dotados ciertos individuos, ni un don de origen misterioso o un aviso de fuerzas sobrenaturales. En realidad cuando intuimos algo por medio de un presentimiento, corazonada o intuición, lo que recibimos es un mensaje de nuestro propio subconsciente.

El subconsciente es una especie de almacén, al que enviamos aquello que el consciente rechaza o desdeña; porque no quiere o no puede procesarlo racionalmente. Es una suerte de «papelera», en la que se van acumulando sentimientos, emociones, impresiones, sucesos, y experiencias de todo tipo, que por alguna razón hemos descartado de la conciencia e incluso de la memoria.

Esa papelera emplea a su vez su propio filtro, borrando el material que realmente resulta inútil. Algunos de mis colegas han sostenido que este proceso de vaciado se produce, al menos en parte, durante el sueño. Pero el inconsciente guarda y esconde una reserva de dos tipos de impresiones: aquellas que nos han producido traumas y fobias psíquicas, generalmente infantiles, que el inconsciente no puede manejar por sí mismo (y que según Freud, sólo pueden resolverse haciéndolos conscientes, por medio de una terapia psicoanalítica). Lo que aquí nos interesa es el segundo tipo de reserva, compuesto por materiales psíquicos que el inconsciente «piensa» que podrían resultar útiles en alguna ocasión. Es muy probable que esa reserva permanente esté compuesta por una indisoluble aleación de materiales de distinto tipo. Por ejemplo, una emoción de la infancia, un conocimiento casual, una experiencia olvidada y un deseo postergado.

Esta amalgama no es racional, pero sí puede relacionarse con la realidad del sujeto; por ejemplo, influir en su forma de vestir, en su color favorito, o en su aversión a determinado alimento. Es una especie de sabiduría subyacente sobre nosotros mismos, que de pronto nos envía un mensaje, una advertencia, un impulso subliminal que no puede ser procesado por la razón, pero que llega incluso a oprimirnos físicamente el corazón.

MENSAJES DEL FUTURO

Nuestros deseos y objetivos no dejan de ser una proyección de nuestra propia personalidad. Pero a su vez esas metas que deseamos alcanzar se instalan en el inconsciente, dando forma a una representación e interpretación personal de la realidad, así como a diversos valores y sentimientos. Entre éstos se cuentan nuestros deseos y metas de futuro. Es por eso que algunos estudiosos sostienen que las intuiciones incluyen también lo que denominan «mensajes del objetivo». En forma metafórica, es como si el fin que buscamos alcanzar quisiera indicarnos el mejor camino, y sobre todo evitar que tomemos por un atajo equivocado.

La Dra. Melody Beattie, consejera psicológica muy popular en la televisión y columnista especializada en varios medios de prensa de los Estados Unidos, propone un método original de percepción intuitiva. En su condición de investigadora y estudiosa de los resortes de la conducta humana, Beattie aplica una terapia que consiste en «dejarse ir». El tratamiento consiste en liberar la mente de toda atadura o restricción, para poder percibir libremente las intuiciones que pugnan por hacerse conscientes en nuestro interior.

No se trata, obviamente, de seguir ciegamente cualquier presentimiento o corazonada, ya que a cada uno de nosotros corresponde juzgar su posibilidades de acierto y sus límites de riesgo. Lo importante es atender y considerar esos mensajes que nos llegan desde el interior de nuestro ser, porque muchas veces pueden proveernos la llave de la auténtica puerta del éxito. Éste no suele residir en lo acostumbrado o las normas establecidas, y la inmensa mayoría de los grandes líderes y emprendedores han seguido sus presentimientos para romper de alguna forma con lo consagrado y emprender caminos nuevos y diferentes. A menudo, contrariando a sus propios consejeros, socios, o expertos en el tema.

La mayor parte de las personas afortunadas entrevistadas por los investigadores de la buena suerte, aseguran que simplemente «saben» que una decisión es correcta, aunque no pueden explicar por qué. Han tomado decisiones y opciones acertadas desde que eran estudiantes hasta que emprendieron una tarea profesional, por supuesto exitosa. Han sabido depositar su confianza en socios, colaboradores y clientes apropiados y honestos, hacer inversiones grandes o pequeñas con invariable acierto, escoger la pareja adecuada, y formar una familia unida y feliz. Pero si les preguntas cómo lo han conseguido se quedan mirándote desconcertados. Luego, tras alguna vacilación, acaban atribuyendo su buena suerte a la intuición. Un renombrado investigador se dedicó a insistir en esta cuestión en entrevistas más prolongadas, y llegó a la conclusión de que el éxito de esos sujetos se debía a «las remarcables habilidades de nuestro inconsciente mental».

APRENDER A USAR LA INTUICIÓN

Por su propia esencia, la intuición se presenta espontáneamente y sólo puede ser interpretada por su receptor. No es posible convocarla a voluntad ni enseñarla en cursos o seminarios. Sin embargo es posible aprender a mejorar nuestra sensibilidad y percepción, para tratar de convertirnos en lo que se suele llamar «una persona intuitiva».

Un primer paso, recomendado por muchos expertos y personas exitosas, es intentar recuperar aptitudes infantiles que hemos perdido, como la sensibilidad, la fantasía, o la imaginación creativa. Buckminster *(Bucky)* Fuller, cerebro de la ingeniería espacial y precursor de Internet, consideraba a la intuición como un factor fundamental para su trabajo:

> «He conseguido recuperar esa preciosa
> sensibilidad infantil, hasta el punto
> de que hoy observo y siento muchas cosas
> como lo haría un niño.»
>
> BUCKMINSTER FULLER

Para mejorar tu sensibilidad intuitiva

Entre los muchos consejos y recomendaciones que proporcionan los investigadores y expertos, he seleccionado cinco ejercicios que me parecieron apropiados y eficaces para hacer un sencillo entrenamiento sensitivo:

1 EJERCITA TU PERCEPCIÓN

Busca situaciones cotidianas en las que la intuición pueda jugar algún papel, y procura percibir su mensaje. Puedes hacerlo en cualquier situación que te parezca apropiada, aunque sea banal o irrelevante para ti. Lo importante es que te entrenes en percibir esas señales.

2 INTERROGA A TU SUBCONSCIENTE

Este segundo paso consiste en trabajar sobre decisiones u opciones que debes tomar en tu vida cotidiana. Cuando hayas escogido una opción que racionalmente consideras correcta, haz también un esfuerzo por interrogar a tu subconsciente. Quizá la intuición resultante no te sea útil en ese caso, pero lo que importa es que tú y tu subconsciente os acostumbréis a dialogar más seguido.

3 ATIENDE Y REGISTRA TUS CORAZONADAS

Ahora pasemos a las intuiciones «auténticas», o sea las que se presentan espontáneamente. Recientes estudios revelan que solemos ignorar entre 4 y 8 corazonadas por día, de diversa intensidad y valor.

Procura atender a todas, registrarlas en tu consciente y, ¿por qué no?, en un cuaderno o libreta de apuntes.

4. MANTÉN LAS ANTENAS BIEN ORIENTADAS

Nuestra mente nunca trabaja en una sola sintonía ni en una única dirección, sino con varias antenas y campos de atención: lo que estamos haciendo, lo que pensamos hacer después, algo que ha sucedido antes, un problema que nos preocupa, etc. Es importante que dejes antenas libres, orientadas hacia el inconsciente a la pesca de posibles intuiciones. Los mayores enemigos de esas antenas son la concentración obsesiva, el estrés, la depresión, y los temores infundados.

5. CONTRASTA TUS INTUICIONES

Cuando tengas una corazonada, y aunque te parezca milagrosamente oportuna, no dejes de contrastarla con la opciones que has elaborado racionalmente. Una intuición sólo se apoya en sí misma, y puede no tomar en cuenta circunstancias o situaciones que la desaconsejan. Y aunque decidas que encaja perfectamente, siempre puedes introducirle las variantes y modificaciones que te dicte la razón.

Si sigues estos ejercicios con la imprescindible apertura mental, verás que pueden resultar interesantes y divertidos. Y, lo más importante, irás notando que te haces más receptivo a tus intuiciones y las manejas con mayor soltura y eficacia.

LOS GRANDES PERSONAJES Y EL EFECTO SUERTE

HENRY FORD: LA INTUICIÓN CREATIVA Y PERSISTENTE

El casi mítico inventor y pionero de la industria del automóvil era un hombre que confiaba plenamente en su intuición, para fijarse objetivos que luego perseguía con una notable tenacidad. En 1892 construyó su primer coche de gasolina, a partir de una intuición surgida al contemplar el paso de un tren. En ese momento «supo» que no sólo la locomotora de vapor era capaz de avanzar sin tracción animal, e imaginó un vehículo accionado por algún combustible que alimentara un motor más pequeño y liviano. Su primer prototipo obtuvo un éxito relativo, que llevó a que la Compañía Edison de Electricidad lo contratara en 1894 como ingeniero mecánico.

Ford siguió perfeccionando su invento e insistiendo con su proyecto, y finalmente consiguió socios y préstamos para constituir en 1902 la Sociedad de Automóviles de Detroit. Cinco años después la empresa había consolidado su éxito, produciendo cada año varias decenas de coches por encargo. En aquella época el automóvil era todavía un medio de transporte extravagante y caro, un juguete de lujo para personas muy pudientes, que encomendaban «su» modelo a los fabricantes. Henry no se sentía cómodo en aquel tipo de negocio por encargo, y en su cabeza ya bullía un fárrago de ideas que no conseguía concretar.

Henry Ford triunfó gracias a su magnífica intuición. La fabricación del Ford T revolucionó el mercado automovilístico.

Un día, después de una discusión con sus socios, salió a dar un paseo en una hora punta. La calle estaba abarrotada de personas que iban y venían, tanto a pie como en bicicleta, y otras se apretujaban en los tranvías o se colgaban como podían de las plataformas. Ford tuvo entonces una nueva corazonada: aquella gente que se trasladaba en forma tan esforzada y agotadora, eran automovilistas en potencia. Miles y miles de posibles clientes para un coche que fuera lo bastante sencillo y barato como para estar a su alcance. La idea era en su opinión perfecta y solidaria: transformar un vehículo de lujo y exclusivo, en un medio de transporte popular y generalizado.

El inventor fundó entonces su propia fábrica de automóviles, dispuesto a hacer realidad lo que le dictaba su intuición. Dice su leyenda que obtuvo en Europa la patente de una aleación de metales livianos, y que trabajó noche y día en el diseño y las pruebas de su nuevo prototipo: el célebre modelo Ford T, lanzado en 1909. Para abaratar costes, todas las unidades se pintaban de color negro. Ante las protestas y críticas a esa uniformidad, Henry respondía: «de acuerdo, cada cliente tendrá un coche del color que desee..., siempre que lo quiera de color negro». El éxito de ventas fue sensacional, y los coches Ford T no sólo facilitaron el traslado de las personas, sino que promovieron la construcción de carreteras, la señalización de todo el país, la aparición del turismo familiar y un auténtico cambio en las costumbres de la sociedad. También es cierto que, unos años después, esos coches protagonizaron los atracos y persecuciones de los gangsters o sus combates a metralleta, ya sea entre ellos o con la policía.

Llegó un momento en que la demanda de automóviles fue tan grande, que los 6.000 vehículos que producía anualmente la fábrica Ford no daban abasto. Una vez más, la intuición vino en ayuda del exitoso emprendedor. Mientras miraba cómo sus operarios y técnicos se afanaban completando el montaje de un coche, para comenzar luego por el siguiente, tuvo la corazonada de que aquello debería hacerse exactamente al revés. En lugar de que los técnicos y operarios pasaran de coche en coche, serían éstos los que pasarían frente a cada trabajador. Ya no sería necesario acabar totalmente un automóvil y luego empezar con otro, sino que todos se montarían a la vez, pasando frente a una cadena de operarios.

Y precisamente con ese nombre, «cadena de montaje», el sistema de Ford permitió reducir el tiempo de producción, abaratar costes, y perfeccionar la calidad del producto. Consagró el talento creativo de su inventor y significó casi una revolución en la operatividad de la industria moderna. Sin negar la importancia de la tenacidad y el esfuerzo, Henry Ford siempre sostuvo que su cualidad más distintiva eran esos magníficos golpes de intuición.

NORMA NÚMERO 6

CUIDA TU RED DE RELACIONES

Para triunfar en la vida no necesitas saberlo todo, basta con tener los teléfonos de los que saben». Esta sentencia, atribuida a diversos personajes ingeniosos, resume con ironía la importancia de los vínculos personales para alimentar nuestra buena suerte. Muchas personas han conseguido el éxito que buscaban gracias a una amplia y bien coordinada «red de relaciones» que pudieron utilizar en los momentos apropiados. Y también muchas veces se ha frustrado más de un laborioso y eficaz camino hacia el éxito, por no saber a quién recurrir ante un problema, o con quién compartirlo.

Los individuos solitarios, hoscos e introvertidos no suelen disfrutar de una suerte favorable. Al menos en esta época en la que todo debe hacerse en equipo, y llevar a la práctica cualquier proyecto o idea depende más que nunca de una serie de conexiones personales insoslayables. Los que obtienen éxito, o los que avanzan hacia él con viento a favor, son generalmente de talante extrovertido, amable, alegre y participativo. Saben perfectamente que solos están perdidos, y que deben contar con los demás si quieren hacer realidad los sueños de su vida.

Sostiene el Dr. Richard Wiseman que los extrovertidos llevan tres ventajas en la vida: conocen más gente, adquieren habilidad social, y se mantienen al tanto de lo que piensan los demás. No se trata sólo de las relaciones personales en sí, sino de lo que éstas nos aportan para informarnos de la realidad y la actualidad.

La relación con otras personas cumple cinco aportaciones fundamentales en la construcción de nuestra buena suerte:

- Mostrarnos formas de pensar y de actuar distintas de la nuestra
- Ofrecernos oportunidades de progreso o de cambio
- Colaborar eficazmente en nuestro esfuerzo hacia el éxito
- Brindarnos consejos y ayuda para tomar buenas decisiones
- Sacarnos de apuro ante un riesgo o para superar un fracaso

Para poder favorecer tu suerte con esos apoyos externos, debes no sólo conocer y tratar a un buen número de personas en distintos ámbitos, sino también ganarte su amistad y su confianza. Suele decirse que para eso se necesita «poder de seducción», un concepto ambiguo que puede resultar contraproducente. La seducción tiene un matiz de engaño y de atracción equívoca, de obnubilación pasajera que afecta a la libertad del otro. El seductor actúa en forma egoísta para obtener algo inmediato, no para establecer una relación igualitaria y estable. Cuando se desvanece el embeleco, el seducido desprecia y rechaza a quien se ha aprovechado de su ingenuidad.

Las relaciones más genuinas y duraderas se establecen sobre una base de reciprocidad y de confianza mutua. Para iniciarlas y conservarlas no hay que seducir al otro, sino mostrarse interesado por él, hacerle ver que su relación contigo puede ser por lo menos agradable, y probablemente útil y enriquecedora.

> «No pidas algo si no ofreces nada.»
>
> PROVERBIO CHINO

Uno de mis colegas que trabaja dando apoyo a jóvenes desempleados, insiste siempre en un consejo básico, inspirado quizás en ese proverbio: «No pidas empleo, ofrece colaboración». Y acostumbra a añadir: «No trates al posible empleador como a quien debe hacerte un favor, sino como a alguien que puede necesitarte». Ese criterio es trasladable a cualquier tipo de relación con otra persona, no sólo en el campo laboral o profesional, sino también en el social y afectivo. Si el otro no quiere o no puede darte una respuesta positiva, al menos te habrás ganado su respeto, y no es improbable que te ofrezca otra oportunidad más adelante.

Al establecer contacto con alguien que en principio te interesa incorporar a tu «red de relaciones», conviene que te plantees las siguientes preguntas:

- ¿Por qué quiero entablar relación con este individuo?
- ¿Qué me atrae de él?
- ¿Y qué puede atraerle a él de mí?
- ¿Parece estar satisfecho consigo mismo y su situación actual?
- ¿Cuáles son sus intereses? ¿Lo ha explicado sin reservas?
- ¿Qué ideas, valores y convicciones expresa?
- ¿Las manifiesta abiertamente?
- ¿Coinciden o no con las mías?
- ¿Parece tener algún problema? ¿Cuál o cuáles?
- ¿Me ha pedido o sugerido algún tipo de ayuda?

- ¿Podría yo pedirle algo, sin perjudicarlo o incluso con beneficio mutuo?
- ¿Creo que me sería posible emprender algo en común con él?

Hay quienes pueden responder casi de inmediato a este cuestionario, pero en general, aunque conviene plantearte estas preguntas en la primera entrevista o conversación, no te apresures por encontrar las respuestas. Debes darte (y darle al otro) el tiempo necesario para ir perfilando y entendiendo su personalidad y su situación, al tiempo que estableces los alcances posibles de vuestra relación. Tus juicios al respecto no deben ser especulativos, sino atender al interés que puede tener el vínculo para ambas partes, por más disímiles que puedan parecer. No se trata sólo de obtener un beneficio a corto plazo, sino sobre todo un punto de apoyo de largo alcance, al que acudir en cualquier circunstancia que pueda depararte un mundo en cambio cada vez más acelerado.

Si piensas que esto es tomarse demasiado trabajo y emplear un tiempo que no te sobra, en especial si se trata de repetir el sistema hasta formar una red, piensa que esa red es tan vital como la que utilizan los trapecistas: sirve para impedir que te desnuques contra el duro suelo en un golpe de mala suerte. Y ya que mencionamos la red, es importante que ésta se mantenga activa y disponible. Al comienzo este mantenimiento te supondrá un esfuerzo extra, pero si actúas con honestidad y eficacia llegará un momento en que tu red de relaciones se sostendrá casi por sí sola. Tu imagen y tus cualidades se irán consolidando en la conciencia de sus integrantes, reforzadas por el posible «boca a boca» entre ellos respecto a tu buen ser y hacer.

Como primer paso conviene que pases revista a tus relaciones actuales, incluso las más próximas o antiguas. Aplica con ellas las preguntas anteriores, y da los pasos que creas necesarios para completar todas las respuestas. Tendrás así una primera red básica, y podrás salir en busca de nuevos integrantes. Otros criterios que puedes aplicar es ver si tus relaciones pueden relacionarse entre sí (lo que consolida tu red), o si a su vez pueden proponerte nuevas relaciones para extenderla. Y no olvides que, sobre todo, confiar en alguien y ganarse su aprecio es una cuestión de empatía.

NIVELES DE RELACIÓN CON LOS DEMÁS

Supongamos que dispones de una red de nombres (¡y números de teléfono!) formada por personas de ambos sexos, diversas edades, variadas profesiones, y distintos campos de actuación. Aunque algunos se conozcan entre sí, el denominador común que los une eres tú, su relación contigo. Digamos que algunas de ellas pueden ofrecerte algo, como un empleo, un préstamo, un contacto importante, etc. Otras pueden compartir tus peripecias vitales y ayudarte con consejos o acciones concretas, desde tu pareja hasta el mecánico de tu coche, pasando la familia, amigos, socios, clientes, el gerente de tu banco, tu gestor, tu médico, tu abogado, etc. Las restantes son las que pueden colaborar contigo en tu actividad cotidiana, como empleados, proveedores, técnicos, personal del sector servicios, etc. Para entendernos podemos denominar a estos grupos como *Los poderosos, Los solidarios y Los serviciales.*

Estas tres categorías de relación no responden en realidad a un orden jerárquico, sino a una distinción de funciones dentro de la red. Tampoco son rígidas respecto a lo que puedes esperar de ellas: un tío carnal puede negarte un empleo en su empresa, y el cuidador nocturno del parking salvar tu coche nuevo de un incendio o un robo. De todos modos, hay una cierta distinción en como debes actuar ante cada categoría, siempre dentro de la empatía básica ya señalada y con la debida flexibilidad ante casos particulares. Veamos algunas sugerencias:

CON LOS «PODEROSOS»

El respeto, aunque sea cordial o informal, es una actitud imprescindible, así como una posición discreta pero firme al manifestar tus valores y cualidades. No es imprescindible que les dejes ver tus fallos o puntos débiles, salvo en caso de demostrar tu honestidad y sinceridad.

Clave secreta: *¡no los interrumpas!*

CON LOS «SOLIDARIOS»

Con ellos lo que vale es mostrarles aprecio y confianza, así como expresiones de afecto en los casos más próximos. Debes ser siempre abierto y sincero, sin reservas. Tu disposición a atender, comprender, y ayudar es el cimiento de su solidaridad hacia ti.

Clave secreta: *¡escucha lo que te dicen!*

CON LOS «SERVICIALES»

Aquí tu simpatía tiene más juego, porque la relación con ellos suele ser más superficial. Sé amable, entérate de sus normas o costumbres y cumple con ellas. No tienen por qué enterarse de

tus problemas, excepto los que tienen relación concreta con el servicio que prestan.
Clave secreta: *¡no les crees problemas!*

PUNTOS DE ENCUENTRO

No vas a establecer nuevas relaciones para ampliar tu red, si cada día sólo vas y vuelves de tu casa al trabajo. Son dos ámbitos donde ya conoces a todo el mundo, y donde es raro que puedas establecer contactos nuevos, y menos aun diferentes de los que ya tienes. Eso no significa que no debas mantener tus redes más próximas debidamente atendidas, pero la ocasión de un golpe de suerte suele ser más probable con relaciones nuevas y distintas. Tampoco hace falta que merodees por sitios desconocidos a la caza de gente interesante; la idea es que pases parte de tu tiempo libre en ámbitos y momentos apropiados para conocer a personas que podrías incorporar a tu red.

Las posibilidades de conocer gente interesante y distinta en tu tiempo libre dependen en gran medida de la variedad de ámbitos que frecuentes. Por ejemplo:

- PARA MANTENERTE EN FORMA, encontrarás más ocasiones en un club deportivo o un gimnasio, al alternar con otros concurrentes, que si haces footing en solitario o utilizas una bicicleta fija en casa. El objetivo se cumple igual y el tiempo que le dedicas es más o menos el mismo.
- PARA TU DIVERSIÓN O ENTRETENIMIENTO, son mejores los eventos donde los asistentes pueden intercambiar comentarios y presentaciones, como un debate abierto, un espectáculo al aire

libre, una celebración callejera, una fiesta popular, una feria, o una muestra o exposición de cualquier tipo, o incluso dar un paseo por un parque bien concurrido. No son muy aptos el cine, el teatro o los conciertos, donde el silencio del público es una norma insoslayable.

- PARA TUS INTERESES CULTURALES Y FORMATIVOS, hay también ámbitos más propicios para establecer relaciones, como un debate público, la presentación de un libro, la inauguración de una galería o librería, ciclos temáticos, charlas, etc. También los chats temáticos de Internet pueden dar lugar a nuevos contactos, más que colgarte de una web muy interesante, ver un programa cultural por televisión o enfrascarte en la lectura en tu sillón favorito.

Nota: quede claro que no estamos desaconsejando leer buenos libros, concurrir a espectáculos y conciertos, practicar footing o hacer ejercicios en casa. Sólo señalamos cuáles son las actividades más propicias para hacer relaciones en tu tiempo libre, sin desmedro de otras que también te agraden o te interesen personalmente.

LA IMAGEN COMO MENSAJE

Vamos a suponer que es el primer día que concurres a un club deportivo, en el que esperas y deseas trabar nuevas relaciones. ¿Cómo debes presentarte allí y qué debes hacer para caer bien? Un estudio combinado de sociólogos y psicólogos bajo la dirección del investigador británico W. J. De Bries, llevó a cabo un estudio sobre este asunto, bajo el título de

«Aceptación y rechazo de nuevos aspirantes en los grupos humanos consolidados». Su conclusiones y consejos son aplicables a nuestro ejemplo del novato que llega a un club deportivo.

Por ejemplo, la afirmación de que la primera impresión tiene un gran peso en la aceptación del forastero y en la posterior relación grupal con él. Lo primero que perciben y juzgan los miembros del grupo es una imagen personal, unas actitudes posturales y gestuales, y unas frases donde interesa más el tono que el contenido, generalmente formal. «Los veteranos o antiguos –dice De Bries– no son siempre conscientes de estar evaluando estos aspectos en el recién llegado, pero hemos comprobado que dejan una fuerte huella positiva o negativa en el subconsciente». Y agrega que la sinergia grupal intensifica la prevención instintiva hacia lo que puede ser agresivo o conflictivo, amenazando la cohesión y el bienestar del conjunto.

Ahora ya sabes cuál es generalmente la actitud de los otros, que podríamos considerar como de «expectación recelosa». A ti te corresponde aventar esos recelos y cumplir favorablemente con las expectativas del grupo. De Bries coincide con otros expertos en psicología grupal sobre la importancia de que no caigas en paracaídas. O sea, que te presentes acompañado e introducido por un miembro del grupo o alguien que goce de su confianza. En el caso del club, un socio o socia que practique el o los deportes que tú vas a practicar, o tenga buenas relaciones con quienes los practican. Recordemos que en numerosas entidades de este tipo, la presentación por uno o dos socios es condición normativa para poder asociarse.

Sigamos suponiendo que has encontrado la persona idónea para presentarte y orientarte en tu primer día como flamante socio. ¿A quién llevará esa persona de la mano por la puerta del club? A ti, por supuesto, pero... ¿cuál debería ser tu imagen y tu conducta para superar con éxito ese encuentro en la primera fase?

Como cualquier ser u objeto nuevo, tú entras en la percepción de los otros por medio de la vista, eres antes que nada una imagen. Por lo tanto, debes procurar que ese primer vistazo favorezca tu aceptación e integración por parte de los otros. Me dirás que cada uno es como es, y que no puedes cambiar tu estatura, ni el color de tus ojos o la pigmentación de tu piel. Tienes razón, nadie puede modificar (salvo hazañas quirúrgicas o trucos cosméticos) lo que denominamos referencias estructurales o consustanciales: la altura, la conformación del esqueleto o los rasgos étnicos. Pero sí puedes controlar tus posturas y gestos corporales, o variar a voluntad la vestimenta, los atuendos, el peinado, los accesorios y, por lo tanto, la imagen que ofreces a la contemplación de los demás.

Si sabes qué tipo de vestimenta se ajusta a tus características físicas, o sea «lo que te queda bien» ya tienes ganado un punto básico para ofrecer una imagen apropiada a los demás. Todo lo que tienes que hacer es averiguar la clase de ropa y complementos que se acostumbra a llevar o no llevar en el colectivo del que quieres participar.

En nuestro ejemplo es aconsejable que hagas por lo menos una visita previa al club, y observes las costumbres comunes respecto a este tema: si los socios llegan vestidos formal o informalmente, si llevan su maletín de trabajo, si van con la ropa deportiva ya puesta o se cambian en las taquillas, si suelen ir a la cafetería antes o después de ducharse y cambiarse, etc. Por supuesto todos estos usos dependen de la actividad y horarios de cada uno, pero suele haber una costumbre general o mayoritaria, que te conviene conocer de antemano para adaptarte a ella.

> «El ingrediente más importante en la receta del éxito es saber cómo llevarse con la gente.»
>
> THEODORE ROOSEVELT

EL LENGUAJE SIN VOZ

Una vez que han captado tu aspecto, los demás observan tus posturas, gestos y movimientos. Pueden no ser conscientes de esa observación, pero hace tiempo que la psicología de la comunicación estudia el *lenguaje corporal*, que antecede y acompaña a la expresión hablada. Esos estudios han comprobado que las personas introvertidas tienden a «cerrar» el cuerpo, se sitúan algo aparte y acurrucadas, en posturas formales y rígidas, mantienen los brazos y piernas cruzadas, evitan los contactos físicos y no miran de frente a su interlocutor. Todas esas actitudes corporales transmiten en conjunto una impresión de desconfianza o desinterés por la comunicación con los demás y la participación compartida. Como la imagen que tú quieres dar pretende exactamente lo contrario, procura no caer en ese lenguaje corporal negativo.

DECÁLOGO DEL BUEN LENGUAJE CORPORAL

1. Mantén en todo momento una postura natural y distendida.
2. Si estás de pie no te recuestes en la pared ni busques otros apoyos, salvo que haya alguno con ese fin (p.ej. un pasamanos o la barra del bar).
3. Cuando te sientes, ocupa con naturalidad el sitio de que dispones y adopta una posición cómoda y relajada, sin encogerte sobre ti mismo. No te eches demasiado hacia atrás (refleja desinterés por el entorno), ni tampoco hacia delante (expresa agresividad).
4. En cualquier postura, en principio deja las piernas ligeramente separadas, y cuando las cruces no fuerces su posición apretándolas entre sí.
5. Cuando estés de pie, los brazos deben caer a lo largo del cuerpo, o uno de ellos (nunca ambos) apoyarse en la cintura o la cadera. No los cruces ni unas las manos por detrás, o cubriendo el vientre o la entrepierna (son posturas autoprotectoras, que expresan desconfianza del entorno).
6. Cuando hables con otro míralo de frente, pero sin una fijeza o intensidad que pueda resultarle incómoda o parecerle agresiva.

7. Intenta sonreír con frecuencia en interacción con los demás, o reír cuando hacen o dicen algo divertido. Pero no rías de cualquier cosa ni mantengas una permanente sonrisa tonta.
8. Procura mentalizarte de que buscas sincera y abiertamente nuevas relaciones positivas para ambas partes. Si lo consigues, muchas actitudes favorables de tu lenguaje corporal se darán por sí solas. Nunca niegues ni afirmes sólo con la cabeza; aparte de no ser muy educado, te pierdes una ocasión de explicarte y ser escuchado.
9. Si estás sentado, coloca los brazos en actitud relajada, dejando las manos a la vista y abiertas con naturalidad, sobre el regazo, las rodillas, o a un lado del cuerpo. Cuando gesticules con las manos y brazos, hazlo con expresividad pero sin exageración. No ocupes el espacio del vecino ni toques a tu interlocutor, salvo que haya ya una confianza previa o él lo haya hecho antes (en general, trata de no ser el primero en permitirte muestras de expansividad).
10. Si en algún momento no sabes cómo acomodar tu cuerpo, o la situación te impide pensar en ello, déjalo que emplee su propia sabiduría. Si no lo interfieres con tensiones nerviosas, posturas forzadas o gestos bruscos, verás que él sólo sabrá cómo colocarse y moverse.

UNA CUESTIÓN DE EMPATÍA

Ser alegre y simpático nunca está de más en las relaciones personales, pero no es suficiente más allá de un primer contacto. Conozco a varios individuos muy simpáticos y divertidos en su trato, a los que no les dejaría las llaves de mi casa. Si tengo que ausentarme, se las dejo a un vecino algo huraño pero al que conozco bien, y con el que no compartimos una amistad íntima pero sí una confianza mutua. La mera simpatía es una especie de fiesta que uno se da a sí mismo, una actitud que puede agradar y entretener a los demás, pero que no expresa necesariamente una personalidad generosa y comprometida con ellos. Y si alguien es muy o demasiado simpático, tal vez sólo nos esté ofreciendo un deslumbrante y efímero juego de artificio, que suele tener un fin egoísta o por lo menos egocéntrico.

Los psicólogos hacemos una distinción entre la simpatía superficial y lo que llamamos empatía, que se define como «la participación afectiva de un sujeto en una realidad ajena». En el caso de las relaciones personales, la empatía supone un genuino compromiso con el otro, una comprensión que va más allá de la sonrisa, el chiste, o la palmadita en la espalda. Es necesaria una sólida confianza en ti mismo para conseguir «descolocarte» de tu ego e intentar situarte en el lugar del otro. Allí hay un ego distinto, con sus valores, sus anhelos, sus problemas y debilidades, que debes poder conocer, comprender y compartir. Sólo así lograrás que el otro se ponga a su vez en tu lugar y te comprenda en profundidad, que participe de esa empatía mutua que consolida los vínculos personales.

En un reciente artículo científico, la Dra. Jeanne Segal define la empatía como «la habilidad para comprender una situación a través de la mirada y los sentimientos de otra persona, se esté o no de acuerdo con ella». Y señala luego que «para ejercer esta cualidad es necesario estar tan seguro de tus propios sentimientos, ideas y valores, que puedas percibir puntos de vista distintos sin perder conciencia de tus objetivos».

EL CONTROL EMOCIONAL

Quizá la cualidad fundamental para conseguir empatía y tener y mantener buenas relaciones con los otros, sea controlar la forma en que manifiestas tus emociones. La mayor parte de las personas con buena suerte son emocionalmente inteligentes y equilibradas, capaces de calibrar y controlar sus emociones para que no interfieran en su relación con los demás.

Sin duda la genética y la educación recibida influyen en la mayor o menor habilidad para contener las emociones, y eso puede hacer que los arrebatos de cualquier signo se tomen como irreprimibles y por lo tanto inevitables. Pareciera que tú no eres responsable de tus palabras y acciones bajo una fuerte tensión emocional, e incluso ésta puede ser un atenuante cuando juzgamos un acto impropio. Quizá tus seres queridos y los que te conocen muy bien disculpen tus excesos, pero éstos representan bombas de profundidad que debes aprender a controlar en la construcción de una red de relaciones.

El pasado año, durante la preparación de un curso junto a dos talentosos colegas, establecimos tres parámetros básicos para el desarrollo del control apropiado de las emociones:

- **No mezcles el pasado con el presente**
  Los sentimientos y emociones que has experimentado en el pasado, nada tienen que ver con el momento actual. Procura no traer al presente una antigua «carga» emocional, y podrás percibir y controlar las reacciones que te produce la situación que estás viviendo.

- **No establezcas falsos paralelismos**
  Las personas y las situaciones pueden parecerse, pero nunca son iguales. Los pensamientos del tipo «Este individuo actúa como fulano» o «Está ocurriendo lo mismo que pasa en tal parte» sólo sirven para elaborar juicios erróneos y exasperar tus reacciones emocionales.

- **Aprende a «aparcar» tus emociones**
  Es lógico que en una interacción con otro experimentes sensaciones y emociones legítimas y apropiadas al caso. Pero también es probable que no te convenga reaccionar, y menos aun en forma exaltada. Procura tomar conciencia de ellas, controlarlas y «aparcarlas» de momento. Pero no las arrojes al desguace, porque luego puedes querer analizar su significado.

> «Si percibes los sentimientos tanto como las palabras,
> las personas que tratas se sentirán comprendidas.»
>
> JEANNE SEGAL

El lector o lectora podrán no entender cómo mostrarse sensibles y «empáticos» hacia los demás, y al mismo tiempo controlar y ocultar sus propias emociones. Es una buena objeción. Ocurre que, contra lo que se suele pensar, la sensibilidad poco tiene que ver con el desborde de los sentimientos y las manifestaciones exageradas. Más bien al contrario, supone que tenemos lo bastante ordenado y seguro nuestro campo emocional, como para poder compartirlo con los sentimientos y emociones del otro sin resultar invasivo o cargante.

No debemos entender que controlar los sentimientos represente una actitud fría o engañosa ante los demás. Quien está desbordado por sus emociones y pasiones, sean del carácter que sea, no puede atender ni entender los problemas ajenos. Y la sensibilidad, la empatía, las relaciones personales sinceras, abiertas y mutuamente satisfactorias, son elementos fundamentales de esa red imprescindible en la construcción de tu destino.

Cuando leemos estos consejos, y en general cuando hablamos de controlar emociones, solemos pensar en aquellas que resultan ofensivas, agresivas o despectivas hacia los demás. Es decir, expresiones de enfado, ira, desprecio, etc. Pero debemos saber que también la satisfacción, la alegría, o la misma felicidad, pueden resultar contraproducentes si se manifiestan en forma exagerada o en un momento inapropiado.

Así, se trata de conseguir un equilibrio entre la contención de la emociones fuertes sin llegar a mostrarse frío o distante, y poder expresar sentimientos y empatía hacia los demás.

Decálogo para desarrollar tu empatía

❶ SINTONIZA CON TUS INTUICIONES

Tómate cada día un tiempo para reflexionar y buscar en tu interior los mensajes subliminales del inconsciente. Atiende no sólo a tus percepciones psíquicas, sino también a las señales que provienen de tu cuerpo y tu organismo. Esa pausa para la meditación te será especialmente útil si estás sometido a tensiones y estrés. La vida bajo presión constante produce en el cerebro una gran cantidad de endorfinas, que actúan como una droga produciendo un falso bienestar. En realidad, embotan la percepción de los sentimientos y necesidades más profundos.

❷ CONECTA EL PENSAR CON EL SENTIR

Haz esfuerzos para vincular tu actitud mental con la emocional, tus pensamientos con tus sentimientos, y viceversa. Intenta escucharte a ti mismo en un nivel instintivo, y relaciónalo con tu pensamiento intelectual. Cuando algún trauma bloquea esa comunicación, el cuerpo se expresa por medio de la angustia, depresión o malestares orgánicos, que obstruyen tus capacidades y actividades. Si consigues que lo que piensas, lo que dices, y lo que haces mantengan una básica coherencia, te sentirás mejor y transmitirás más seguridad y confianza.

❸ PERCIBE LOS SENTIMIENTOS AJENOS

Además de escuchar las palabras que te dirigen otros, procura percibir sus sentimientos. Sabrás mucho mejor lo que realmente quieren expresar y la actitud que tienen hacia ti o hacia la situación que comparten contigo. De esa forma podrás evaluarlos mejor y ellos se sentirán comprendidos. Si añades las experiencias de los demás a tus cualidades y sensibilidad personales, podrás tomar decisiones mejor informadas y más confiables.

❹ PRACTICA LA COMUNICACIÓN NO VERBAL

En ciertas ocasiones, sobre todo al tratar con personas introvertidas, recelosas, o tímidas, la comunicación esencial es casi totalmente no verbal. La mirada, las sonrisas, los gestos amistosos, atenúan las resistencias, reconfortan el ánimo, y predisponen favorablemente la voluntad. Los expertos reconocen que el contacto emotivo gestual es tanto o más importante que las buenas palabras a la hora de mitigar un malestar físico o superar un problema emocional. Y aparte de la satisfacción de haber ayudado a otro, te será más fácil contar con su adhesión.

❺ DESARROLLA TU CAPACIDAD DE EMPATÍA

La empatía permite apreciar una situación en los ojos y la actitud del otro, poniéndote en su lugar, estés o no de acuerdo con él. Significa estar lo bastante seguro del control de tus ideas, sentimientos y valores, que puedes percibir puntos de vista contrarios sin perder de vista tu objetivo. Busca el contacto en lugar del aislamiento, la conexión con el otro que te proporcionará una mayor lucidez y comprensión sobre el tema. A su vez, los demás suelen responder y colaborar con mejor disposición cuando sienten que tú haces el esfuerzo de «sintonizar» con ellos.

→

❻ Controla tus emociones

El control emocional es una habilidad psicofísica que se puede aprender y desarrollar. Contener las emociones no significa suprimirlas o ignorarlas, sino saber evaluar la forma y el momento de expresarlas. Las personas que tienen éxito también sufren, se angustian o se entusiasman, y pueden pasar por depresiones o euforias como cualquiera. Pero evitan gritar, dar saltos, llorar, reír como locos o derrumbarse sobre la mesa de reuniones. Pero su control emocional previene las reacciones excesivas, el dar la impresión de que toman las cosas de forma demasiado «personal».

❼ Afronta libremente los desafíos

Puede parecer un consejo arriesgado, pero se trata de liberarse de preconceptos y normas preexistentes, sobre todo ante nuevas situaciones de cambio. Las soluciones a ellas no suelen venir de conceptos y recursos ya sabidos, sino en un estudio abierto del problema, utilizando los dos niveles básicos de análisis:

- *Intelectual:* reflexiona sobre los siguientes aspectos: ¿Cuál es el desafío? ¿Qué importancia tiene para mis objetivos? ¿Qué se necesita hacer?
- *Intuitivo:* percibe tus intuiciones sobre estas preguntas: ¿Qué efecto siento que puede tener esta decisión? ¿Cómo responderán los otros implicados? ¿Qué consecuencias puede tener a medio y largo plazo?

❽ Acepta la interacción

Las personas afortunadas reconocen la importancia de los demás en su buena suerte personal y profesional, y saben utilizar y agradecer la participación de otros en sus decisiones. No debes confundir la interacción con una dependencia pasiva o una forma de embarullar las responsabilidades. Por el contrario, úsala como una apreciación objetiva de lo que los otros pueden ofrecer y hacer respecto a la solución de un problema o el éxito de una tarea.

❾ RESPETA SIEMPRE TUS VALORES

Cualquiera sea la situación, no aceptes recursos o soluciones que cuestionen los valores básicos que te guían personalmente, los que compartes con otros, o los que exige la sociedad en la que vives. Tu empatía se apoya esencialmente en tu entereza moral, que respalda la honestidad de tus decisiones y te gana confianza y respeto de los demás. Descartar una idea porque eso «no debe hacerse» es más importante incluso que su éxito puntual, porque lo que está en juego es tu autoestima y tu credibilidad para el resto de la vida.

❿ CONFÍA EN TU PROPIO PODER

Muchos renombrados triunfadores aseguran que cuando dieron el primer paso hacia su meta, estaban seguros de que la alcanzarían. Convéncete también tú de que puedes ganar, valora tus cualidades, proponte mejorar tus puntos débiles, tu imagen, tu comportamiento ante los demás y ante la vida. El miedo, la indiferencia, y la inseguridad en ti mismo son los grandes enemigos de tu éxito. Por el contrario, tu certeza de que vas a alcanzarlo refuerza tu capacidad para decidir y actuar con eficacia, al tiempo que inspira confianza e incluso admiración en los que te acompañan en el logro del objetivo.

NORMA NÚMERO 7
SACA PROVECHO DE LOS FRACASOS

Si algo caracteriza a los personajes que consideramos afortunados y triunfadores, es la gran cantidad de fracasos que han debido afrontar en su camino hacia el éxito. Grandes artistas, empresarios célebres, magos de las finanzas, hombres y mujeres que han alcanzado las cumbres de la fama y la fortuna, parecen enorgullecerse de los desastres y tropiezos que también les ha deparado el destino. Es más, muchos de ellos aseguran que los fracasos sufridos fueron imprescindibles para poder construir con mayor solidez su buena suerte.

> «El éxito consiste en ir de fracaso en fracaso
> sin perder el entusiasmo.»
>
> WINSTON CHURCHILL

En esta sabia «boutade» de sir Winston no debemos entender el entusiasmo que recomienda con el simple e ingenuo optimismo, o la creencia esperanzada en que las cosas irán mejor la próxima vez. Hemos señalado ya que el optimismo es una gran virtud para los que quieren construir su buena suerte, pero por sí solo no alcanza para superar los contundentes golpes de la adversidad. Esta nefasta señora castiga por igual a optimistas y pesimistas, pero algunos consiguen encajar sus golpes y, quizá maltrechos, continuar su camino. Para cumplir esa hazaña el optimismo puede ser condición necesaria, pero no suficiente. Convertir los fracasos en éxitos (la gran clave de los auténticos triunfadores) exige algo más que pensar que la botella está medio llena. Es necesario tomar precauciones preventivas, disponer de estrategias alternativas, saber aguantar el tipo ante los demás, disponerse a correr nuevos riesgos, y confiar en la buena suerte que hemos venido construyendo. Si a esas condiciones añadimos una buena dosis de optimismo, nunca estará de más.

La reconversión de Charly

Charly era un individuo fracasado, perseguido por la mala suerte. O por lo menos, eso fue lo que le dijo a un colega mío cuando llegó abatido a su consulta. Y como es habitual, lo primero que hizo fue contarle su historia. En su juventud había iniciado la carrera de Derecho, pero la súbita muerte de su padre lo obligó a dejar sus estudios y ocuparse de la pequeña tienda familiar de alimentación, para sostener a su madre y sus hermanos pequeños. En la zona se habían abierto dos grandes supermercados, que competían duramente entre sí y de paso arruinaron el modesto negocio del pobre Charly. Finalmente éste se vio forzado a cerrar, para no seguir pidiendo créditos y acumulando deudas. Renegoció el monto de su endeudamiento con una dudosa agencia financiera, que le concedió un mayor plazo de pago a cambio de cobrarle unos intereses leoninos. Su economía estaba hipotecada de por vida y sus ingresos eran casi inexistentes. Desesperado por estar causando privaciones a su familia, llegó a tener fantasías de suicidio. Y eso fue lo que lo llevó a consultar al psiquiatra.

Mi docto colega dedicó su larga experiencia y numerosas sesiones terapéuticas a convencer a su paciente de que no era un fracasado, sino alguien que no sabía administrar los vaivenes de la suerte. Cuando Charly llegó a comprender que sus propias actitudes, flaquezas y pensamientos negativos habían hecho que sólo él fuera el constructor de su infortunio, decidió cambiar de mentalidad. Repasó sus recientes fracasos, buscando la posibilidad de reconvertirlos en cartas de triunfo. Así descubrió que la agencia financiera, que por entonces ya amenazaba con embargarle el local de su tienda, en realidad incumplía una serie de requisitos legales. Les envió un abogado, y ellos se apresuraron a negociar los intereses cobrados en exceso y la deuda aún impagada, para disuadirlo de que iniciara un pleito por estafa. Charly pudo ir abonando sin problemas los plazos resultantes, gracias a que reabrió su tienda, ahora especializada en productos alimentarios sofisticados y exóticos. Los supermercados del barrio dejaron de ser una competencia, e incluso le envían con frecuencia los clientes que buscan manjares especiales.

Con su situación económica estabilizada, Charly se pudo replantear su primer fracaso: haber dejado los estudios. La atención del negocio no le permitía asistir a clases, pero se matriculó en una universidad a distancia y muy pronto podrá cumplir su sueño de ser abogado. Hoy es un hombre feliz, se ha echado novia, y piensa casarse con ella dentro de unos meses.

Pero su «afortunada» reconversión le ha costado mucho tiempo y un tremendo esfuerzo. Sin duda las cosas hubieran sido más sencillas para él si hubiese intentado «dar la vuelta» a cada fracaso en el momento en que se producía.

EL PENSAMIENTO CONTRAFACTUAL

Los expertos en psicología del deporte han señalado que los atletas que obtienen una medalla de plata sufren un fuerte sentimiento de fracaso. Por el contrario los ganadores de la medalla de bronce, pese a tener un galardón menor, expresan satisfacción por su modesto triunfo. La diferencia consiste en que los primeros piensan que con un esfuerzo mayor hubieran alcanzado el oro, mientras que los segundos sienten que si se hubieran esforzado menos no hubieran llegado al podio.

Este recurso de pensar en lo que hubiera podido pasar para valorar lo que realmente pasó, se denomina en psicología «pensamiento contrafactual». Es decir, contrastar un hecho real *(factum)* con otro imaginario que pudo ocurrir en su lugar. El resultado de esa comparación puede tener dos sentidos:

- *Sentido Positivo:* cuando el hecho imaginario es peor que el hecho real.
- *Sentido negativo:* cuando el hecho imaginario es mejor que el hecho real.

Debemos tener en cuenta que quien «inventa» el hecho imaginario es el propio sujeto, o sea el protagonista del hecho real. De modo que el resultado positivo o negativo dependerá de su talante, su ánimo y su voluntad de afrontar con éxito la realidad. Ante cualquier fracaso o circunstancia negativa, las personas que se declaran afortunadas tienden a imaginar que la cosa pudo haber sido peor, mientras que las que dicen tener mala suerte siempre piensan que pudo irles mejor. Pero lo verdaderamente importante de esa aplicación opuesta del pensamiento contrafactual, es la reacción ante el fracaso:

- *Los afortunadòs* piensan que no fue tan malo, y que con un poco de suerte pueden aprovecharlo para continuar su camino hacia el éxito.
- *Los infortunados* se convencen de que ese fracaso confirma su mala estrella, y los obliga a renunciar a los intentos de alcanzar sus metas.

> «El éxito es a menudo el resultado de dar un mal paso en la dirección correcta.»
>
> AL BERSTEIN

Prepararse para resistir

Desde hace un tiempo algunos psicólogos y psiquiatras se rebelan contra ciertas facetas negativas de su profesión, como la casi absoluta falta de actitudes preventivas de los malestares psíquicos. Sus medidas terapéuticas se aplican a casos ya declarados de neurosis, angustia o depresión, pero no ayudan a las personas sanas para fortalecer sus energías y sus «defensas» psíquicas.

Unos de los pioneros de esta propuesta de psicología positiva, el Dr. Martin Seligman, profesor de la Universidad de Pennsylvania, acusa a su ciencia de haberse convertido en una «victimología», dedicada mayormente a la reparación de los daños sufridos por seres supuestamente pasivos y vulnerables. «La psicología no es sólo el estudio de la fragilidad y el daño psíquico –afirma–; es también el estudio de la energía y la potencialidad de los individuos». Según él, las grandes teorías psicológicas han de derivar hacia una nueva ciencia de la energía y la resistencia psíquica de las personas. Su base se apoya en hacer consciente a los individuos de que ellos son los que deciden (*decision-makers*), según sus opciones y preferencias, y que no existe lo que suele llamarse el destino, la mala suerte o la adversidad. Seligman sostiene que esa toma de conciencia nos hará más seguros y eficaces, tanto para guiar nuestra suerte hacia el éxito como para afrontar los fracasos y sobreponernos a ellos.

> «La psicología positiva debe construir la energía, la resistencia y la salud psíquica de los seres humanos.»
>
> MARTIN SELIGMAN

De este principio, enunciado por Seligman hace ya dos décadas, han surgido nuevas ideas y métodos de aproximación a esa «nueva ciencia» de la psicología positiva, como por ejemplo la teoría del Criticismo positivo.

Deja que te critiquen...

«Lo peor de los fracasos es tener que soportar las críticas», me han dicho algunos de mis pacientes depresivos. No obstante la extendida idea de que las críticas a nuestros errores resultan destructivas y desmoralizantes, es también un absoluto error. Y esto no sólo en mi opinión, sino en la de toda una nueva corriente de «criticismo positivo», que lidera el Dr. Hendrie Weisinger, de la Universidad de Washington. Para estos colegas el problema no es sólo de las personas que no saben aceptar las críticas, sino que tampoco saben hacerlas en un sentido constructivo y motivador. El criticismo es esencial en muchos aspectos de nuestra vida, como el trabajo, los negocios, las relaciones personales y, principalmente, en el funcionamiento del mundo empresarial. En lo que hace a evitar los fracasos, atender a las críticas nos permitirá saber qué errores estamos cometiendo y tal vez encontrar la forma de corregirlos.

> «Si utilizas el poder del criticismo positivo,
> obtendrás un notable éxito en el sentido más amplio
> y profundo de la palabra.»
>
> HENDRIE WEISINGER

Saber hacer beneficiosas las críticas es algo bastante complejo. En ello intervienen, entre otras variables, las palabras que se emplean, el tono en que se enuncian, los sentimientos y emociones de las dos partes, la relación que existe entre ambas, el propio contenido de la crítica, y el lugar y momento en que se produce. Y lo más grave es que los estudios sobre el tema demuestran que hay demasiadas personas que no manejan bien todos estos aspectos.

Otro problema es el ámbito en el cual tiene lugar el criticismo. Actitudes y acciones que nos parecen muy normales entre amigos, pueden ser objeto de crítica en el trabajo, y nuestra pareja nos criticará duramente si la tratamos como a nuestros subordinados. Al mismo tiempo se dan los casos inversos: lo que levanta las críticas de nuestros hijos puede no tener importancia en la oficina, o lo que en ésta da lugar a criticismo resultar indiferente en la vida social.

Los puntos críticos

- *En el trabajo:*
  La productividad
  La responsabilidad
  El espíritu de grupo
- *En sociedad:*
  La buena conducta
  La interrelación
  La solidaridad
- *En la amistad:*
  La lealtad
  La generosidad
  La colaboración
- *En la pareja:*
  La afectuosidad
  El compromiso
  La fidelidad

El criticismo en la empresa

Si en algún sitio es esencial la práctica de un criticismo positivo, es en el ámbito de la empresa. En muchas de sus funciones y tareas, saber hacer y recibir críticas positivas puede ser tan importante como el cumplimiento de los objetivos. Por ejemplo, en la evaluación de rendimientos, el funcionamiento en equipo, el control de calidad, el servicio al cliente, el desarrollo gerencial, y por supuesto en los conflictos laborales.

Saber escuchar, aceptar y aprovechar las críticas después de un fracaso puede ser decisivo para salvar o destrozar tu carrera, recuperar o hundir tu negocio, consolidar o perder tus amistades, e incluso fortalecer o romper tus lazos amorosos. El concepto de «crítica» viene del griego *kritikos*, que significa «capaz de discernir o juzgar» y suponía una actitud solidaria y correctiva por parte de quien la hacía. Ayudaba al criticado a ver con realismo sus propósitos y acciones, mostrándole a menudo el camino para nuevos intentos más eficaces. Con el paso del tiempo este sentido positivo se fue sesgando hacia connotaciones negativas como la agresividad o la impiedad. Es ya hora de recuperar el verdadero valor del criticismo, para poder buscar la excelencia en nosotros mismos y en los que nos rodean.

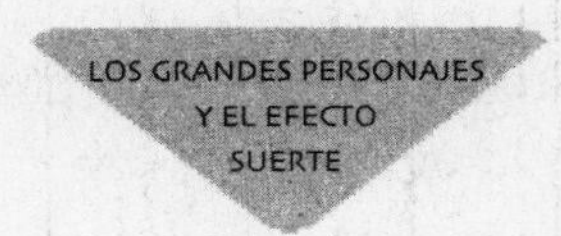

STEVEN SPIELBERG, EL ESTÍMULO DE FRACASAR

Podemos decir sin temor a equivocarnos que el creador de obras tan talentosas y exitosas como *¡Tiburón!*, *E.T.*, o *La lista de Schindler*, es uno de los cineastas más brillantes y afortunados de su generación. Pero no todas fueron rosas en su admirable carrera en el mundo del cine, ni todas sus películas tuvieron éxito. Tampoco sus comienzos fueron fáciles, pero pudo salir adelante gracias a sorprendentes «golpes de suerte», que también le permitieron reponerse después de cada fracaso. Hoy sabemos, por los estudios científicos que estamos reseñando, que la personalidad de Spielberg calza como un guante en la figura del hombre afortunado gracias a su actitud mental atenta y abierta. No sólo hacia los hechos que pueden serle favorables, sino –y especialmente en su caso– hacia las personas con las que decidía interactuar.

Con sólo 20 años el joven Steven tenía ya varios filmes en su haber, rodados en película de 8 mm con una cámara casera que le había dejado su padre. Su éxito no pasó los límites de la familia y los amigos, pero le permitió definir la razón de su vida: quería hacer películas que plasmaran los relatos y comics que habían alimentado sus fantasías infantiles. Ahora era cuestión de tener suerte para poder conseguirlo. En 1967 pasó unas vacaciones en un hotel de playa californiano, donde su inquietud y simpatía le ganaron la amistad del personal. Uno de los conserjes le contó, en plan cotilleo, que en la lujosa suite principal se alojaba Dennis Hoffman, el multimillonario dueño de una industria óptica, que era también un fanático del cine. Ansioso por entablar relación con otro cinéfilo como él, Steven se presentó ante aquel señor y ambos charlaron de películas, directores e intérpretes durante largas tardes frente al mar. El resultado fue que Hoffman le dejó a Spielberg 10.000 dólares para financiar su primer film en 35 mm, una road movie juvenil titulada *Amblin*.

A lo largo de su carrera cinematográfica Steven Spielberg ha demostrado que con perseverancia y confianza en sí mismo se pueden lograr grandes éxitos.

Un golpe de suerte

Amblin se exhibió en salas comerciales con notable éxito, y entre quienes se acercaron a felicitar a su autor se contaba Chuck Silvers, un ejecutivo medio de los estudios de la Universal. Los dos jóvenes se hicieron amigos, y Steven logró convencer a Chuck de que mostrara *Amblin* a Sid Sheinberg, que por entonces era el gran jefe de la poderosa productora. Al día siguiente Sheinberg llamó a Spilberg a su despacho, y le ofreció que trabajara para él. ¡Un verdadero golpe de suerte!

En sus primeros dos años en la Universal Steven Spielberg no hizo gran cosa. Pasó largos meses de inactividad dando vueltas por los platós ajenos, alternando con la dirección de algún corto televisivo o un documental adocenado. Pero supo aprovechar ese tiempo para informarse del funcionamiento de un gran estudio cinematográfico y aprender a tratar con grandes divas como Gloria Swanson. Finalmente su ocasión llegó en 1971 con *Duel* (en España, *El diablo sobre ruedas*), film de poco presupuesto que narra la desesperación de un conductor perseguido por un misterioso y enorme camión cisterna dispuesto a aplastarlo. *Duel* tuvo un unánime éxito de crítica, sobre todo en Europa, pero el público no mostró mucho entusiasmo por esa historia casi surreal narrada en un estilo opresivo y sin concesiones. El estudio le dijo a Spielberg que sería mejor que se dedicara a escribir guiones para otros, y él decidió aceptarlo a la espera de una nueva oportunidad. Esa decisión le permitió estar allí cuando Richard Zanuck y David Brown dejaron la Century Fox para pasar a dirigir la Universal.

> «Sabía que podía hacer grandes películas
> si me daban otra oportunidad.
> ¡De modo que me dediqué a crearla!»
> STEVEN SPIELBERG

Los nuevos jefes conocían los méritos de *Duel*, y les interesó saber que su director formaba parte de la plantilla. Steven los sedujo totalmente con su nuevo proyecto, un drama carcelario titulado *The Sugarland Express*, que resultó un absoluto fracaso. Su autor comprendió entonces que para poder filmar los temas que a él le obsesionaban, debía también atender a la obsesión de Hollywood por los grandes éxitos de taquilla. Encontró una historia que podía combinar ambas cosas en una novela de Peter Benchley, consiguió que su amigo el camarógrafo Vilmos Zsigmond, especialista en trucos de rodaje, aceptara filmar unas tomas de prueba, e insistió con fervor ante Zanuck y Brown. Éstos finalmente cedieron, y el resultado fue *Jaws!* (en España, *¡Tiburón!*), la película más taquillera de todos los tiempos.

El avasallador éxito de *Jaws!* Permitió a Spielberg contar con un gran presupuesto y los más sofisticados efectos especiales de la época para realizar su film siguiente, basado en una de sus fantásticas pasiones infantiles: las visitas de extraterrestres. *Encuentros en la tercera fase* fue una eficiente muestra de su imaginación creadora y su talento cinematográfico, pero también un apreciable éxito de público que devolvió con creces el dinero invertido. Con carta blanca de los productores para hacer lo que le apeteciera, Steven tuvo la corazonada de que Lucas podía ser un compinche apropiado para emprender nuevas travesuras, y sin pestañear se presentó ante él. Juntos realizaron otra fantasía de sus lecturas infantiles, *En busca del arca perdida*, que con sus dos secuelas llenó de romanticismo aventurero las pantallas de finales del siglo XX. Más tarde Spielberg abandonó su piel de Peter Pan para rodar temas más maduros y comprometidos como *El color púrpura* o *La lista de Schindler*, que unieron profundidad temática y éxito de público. La producción de este notable cineasta continúa hasta hoy y promete nuevos éxitos, pero ya tenemos bastante material para analizar su caso a la luz del tema de este libro: ¿Es Steven Spielberg un hombre afortunado?

Si pensamos que pudo realizar sus sueños infantiles contra todo pronóstico y desarrollar su talento en un arte que lo apasiona, convirtiéndose en uno de los grandes nombres en la historia del cine, no podemos menos que considerarlo como un mimado por el destino. Sin embargo Spielberg es un magnífico ejemplo de las actitudes y comportamientos que definen a un hábil constructor de su propia buena suerte.

La seguridad en sí mismo, la tenacidad con que persiguió su sueño, la disposición a ceder en ciertas posiciones para poder seguir avanzando, el acierto en la elección de sus relaciones personales, la facilidad para sacar provecho de los fracasos, y la seducción y apertura mental que empleó en el uso de todas esas cualidades, coinciden casi punto por punto con las condiciones encontradas por los estudios científicos en otras personas «afortunadas», que son menos conocidas pero igual de exitosas en sus particulares objetivos.

NORMA NÚMERO 8
DEDICA TUS ENERGÍAS A TUS OBJETIVOS

Vilfredo Pareto fue un notable economista y sociólogo italiano de finales del siglo XIX, cuya provocativa y variada obra tuvo una influencia fundamental en las décadas siguientes. Entre sus valiosas aportaciones, la más conocida y aplicada fue su teoría de que los ingresos y la riqueza no se distribuyen en una forma aleatoria entre la población, sino que esa distribución sigue unas tasas porcentuales fijas, cualquiera sea la época o el lugar que se analice. Pareto resumió su descubrimiento en la siguiente fórmula matemática: $\text{Log } N = \log A + m \log x$.

Evitaré detenerme en explicar al lector o lectora lo que representa cada término de esta fórmula, lo que quizá nos llevaría a una confusión compartida. Como parece que mucha gente adoptó la misma prudente actitud, el hallazgo de Pareto es universalmente conocido por el más sencillo enunciado de «Teoría del 80/20». Porque efectivamente, lo que demostró el sabio italiano es que el 20% de la población disfruta del 80% de la renta total de una determinada comunidad. Esa relación se cumple aún hoy casi estrictamente en la distribución de la renta de los Estados Unidos, y no sé si, como sostenía su descubridor, en todas partes.

EL VITAL VEINTE POR CIENTO

Con el paso del tiempo, numerosas investigaciones y estudios en distintos campos comprobaron que Pareto era no sólo un excepcional científico, sino un auténtico sabio fuera de serie. Su regla del 80/20, aparte de mostrarse prácticamente infalible en los análisis de distribución de la riqueza, resultó ser aplicable a las más diversas disciplinas y actividades. He aquí algunos ejemplos:

- En la industria: el 20% de las máquinas y equipos producen el 80% de los fallos y averías.
- En el comercio: el 20% de los clientes compran por el 80% del valor total de ventas y beneficios.
- En el trabajo: el 20% de lo que hacemos refleja el 80% de nuestra productividad laboral.
- En la seguridad vial: el 20% de los conductores son responsables del 80% de los accidentes.
- En la vestimenta: la gente lleva el 20% de su ropa durante el 80% del tiempo.
- En los delitos: el 20% de los atracos recogen el 80% del botín total robado.

Estos son sólo algunos de los campos en que se cumple la Ley de Pareto, y los que conocen el truco suelen entretener su tiempo libre buscándole las aplicaciones más inesperadas, como que el 20% de la dentadura produce el 80% de las caries, o que el 20% de los sabores de helados atraen al 80% de los consumidores. Hay también alguna aplicación indemostrable, como la que afirma que en el 20% de nuestro tiempo libre alcanzamos el 80% de los momentos felices. En cualquier caso, los porcentajes no siempre ni en todos los sitios son exactos, pero las variaciones nunca se alejan mucho del omnipresente 80/20.

Lo que en definitiva viene a decirnos la Ley de Pareto es que el 80% de nuestro tiempo, esfuerzo, existencias, dedicación, inversiones, etc. no son productivas, o lo son en apenas un 20% de los resultados positivos totales. Para algunos sectores la comprobación de la veracidad de la fórmula significó, ya desde principios del siglo pasado, una importante transformación. Muchas fábricas detectaron ese 20% de equipos problemáticos e invirtieron en medidas preventivas y protectoras; innumerables firmas comerciales revisaron sus políticas de stocks; y numerosas compañías de todo tipo reestructuraron los horarios y funciones de sus empleados. Todos esos cambios resultaron beneficiosos, pero quedaba una pregunta flotando en el aire: ¿Puede aplicarse la teoría de Pareto a los individuos y su vida cotidiana? O, para decirlo en los términos que interesan a este libro: ¿Puede la Ley del 80/20 ayudarnos a construir nuestra buena suerte y nuestro éxito personal?

Lo mejor de nuestra vida

A más de un siglo de distancia, las ideas de Pareto están siendo recuperadas por una serie de psicólogos, sociólogos, y asesores de empresas, encabezados por el consultor y estratega de negocios Richard Koch. Éste es autor de tres libros sobre «El principio 80/20», que además de constituir rotundos éxitos de ventas han impactado a millones de personas y corporaciones en todo el mundo. Koch lleva a nuevos extremos la Ley del 80/20, aplicándola a casi todos los aspectos de la realidad y a cada uno de los individuos. Para él, Pareto descubrió una suerte de norma universal de funcionamiento de las personas y las cosas, que puede aplicarse en forma práctica y sistemática a nuestra propia vida.

> «Aplicando el principio 80/20, podrás conseguir lo que siempre has deseado de la vida.»
>
> RICHARD KOCH

Al igual que Koch en la anterior cita, otros expertos defensores del principio 80/20 aseguran que, sabiendo utilizarlo, nos permite controlar y dominar los avatares del destino. No porque sea una mágica panacea universal, sino porque constituye un poderoso instrumento de reflexión y acción para impulsar nuestra efectividad y dirigirla hacia lo que realmente vale la pena.

Lucy y la Ley de Pareto

Una comercial del sector inmobiliario llamada Lucy es una fanática practicante del principio 80/20 en todos los aspectos de su vida. «Hace un año que leí los libros de Koch y otros autores sobre la Ley de Pareto –relata en una carta a la prensa–. Llevo bastante tiempo en el sector inmobiliario, por lo que he podido comprobar lo acertado de ese principio: en diferentes mercados y empresas del país, siempre son el 20% de los agentes comerciales los que producen el 80% de las ventas».

Luego de reproducir otros ejemplos de la eficacia de la Ley 80/20, Lucy aconseja a los lectores del periódico sobre la forma de aplicarla: «El primer paso es analizar cuál es el 20% de tus actividades que produce el 80% de los resultados en tu trabajo, tu vida personal, o cualquier otro ámbito. Luego debes dedicarte a poner toda tu energía en esas actividades, y conseguirás exitosos resultados».

Tal vez la mejor virtud del principio 80/20 es proponernos identificar las pocas cosas que realmente nos importan en la vida, y al mismo tiempo reforzar los instrumentos que realmente nos permitirán conseguirlas. La mayor parte de nuestras energías se consumen en alcanzar resultados banales o directamente frívolos. Si conseguimos concentrarnos en las reducidas pero poderosas fuerzas que hay en nosotros y en nuestro alrededor, podremos incrementar las energías y optimizar los esfuerzos dirigidos a conseguir lo que verdaderamente nos interesa.

Hace un tiempo asistí a un coloquio sobre el tema, en el que uno de los ponentes comparó el principio 80/20 con un iceberg. Como es sabido, estos bloques de hielo flotan en los mares polares dejando asomar sólo una pequeña parte sobre la superficie. No sé si esa parte visible corresponde al 20%, pero aquel expositor acertó en la analogía, al sostener que lo mismo ocurre con la creatividad, el talento y las energías de cada uno de nosotros: sólo vemos un 20%. El 80% restante permanece sumergido e invisible, a los demás y a nosotros mismos.

Llegamos así a la posibilidad de analizar nuestra personalidad y nuestra conducta, para identificar los dos aspectos que las constituyen:

- **El 20% de mínimo vital**
  Conformado por las cosas que realmente deseamos y valoramos, las energías positivas que dedicamos a obtenerlas, y las ideas y acciones que resultan eficaces para ese fin vital.
- **El 80% de máximo banal**
  Compuesto por objetivos superficiales y confusos, un gran volumen de energía dispersa o perdida, y un mar de preocupaciones y actividades sin verdadera importancia.

El secreto consiste en invertir el tiempo y esfuerzo que dedicamos a cada uno de los componentes: emplear el 80% para alcanzar el mínimo vital, y el 20% restante para lo que nos parezca rescatable del máximo banal. Esta norma es fácil de enunciar, pero no es tan sencillo llevarla a la práctica.

Quehaceres y objetivos

Un problema que se suele presentar en la aplicación personal del principio 80/20 es la dualidad del mínimo vital. Por una parte, están las actividades y obligaciones que debemos cumplir en nuestra existencia diaria, ya sea llevar el coche al taller o preparar un presupuesto para un cliente. Por otra parte, están los anhelos y metas que queremos alcanzar en la vida, como por ejemplo hacernos ricos, tener una familia unida y feliz, viajar por el mundo o escribir una magnífica novela.

A primera vista, los quehaceres y los objetivos, siendo ambos vitales, pueden parecer antagónicos. Tendemos a sentir que los esfuerzos y tiempo que dedicamos a unos, nos restan eficacia en el desempeño de los otros. Algunos autores sostienen que la solución está en el mismo principio 80/20: si realmente conseguimos dedicar el 80% de nuestras energías a lo que consideramos nuestro 20% mínimo vital, podremos atender a sus dos componentes con suficiente tiempo y dedicación. Esta idea no deja de ser correcta en teoría, pero la transmutación de porcentajes no ocurre de un día para otro, por más empeño que pongamos en ello. Hay un lapso de transición, más o menos prolongado, en el cual la contradicción entre quehaceres y objetivos puede obstaculizar o incluso impedir el proceso de cambio.

Para ese intervalo, o cualquier otra situación que impida dar totalmente la vuelta a los porcentajes 80/20, he propuesto en uno de mis artículos dos recursos complementarios. Uno es estratégico y el otro es táctico:

Recurso estratégico

(Sólo vale para los jóvenes o aquellos que están dispuestos a emprender nuevas actividades laborales o profesionales).

Se trata de aproximar lo más que sea posible tu medio de vida y tu objetivo vital, de forma que se establezca entre ambos una sinergia positiva. Un ejemplo típico es el periodista que aspira a ser un célebre escritor, o la joven que anhela ser una gran directora de cine y se gana la vida como script o asistente de producción.

El truco consiste en sacar el mayor partido posible de tu quehacer a favor de la capacitación y eficacia para alcanzar la meta propuesta.

Recurso táctico

(Recomendable para los que ya tienen una carrera profesional o una actividad laboral razonablemente satisfactoria).

Si no puedes aproximar los dos componentes vitales de tu vida, procura aumentar tu eficacia en el cumplimiento de los quehaceres obligatorios. Por ejemplo, dejar a tu hijo en la escuela cuando llevas el coche al taller; aprovechar el almuerzo para discutir un asunto de trabajo; o reservar entradas por teléfono o internet (este último es en sí mismo un gran recurso para ahorrar tiempo).

El truco consiste en usar esta táctica sistemáticamente y en todas las ocasiones posibles.

Para los lectores que quieran intentarlo, he preparado una guía personal a partir del análisis de todo lo que se ha dicho y publicado sobre el 80/20, matizado y complementado por mis trabajos en temas colaterales y mi experiencia profesional:

GUÍA BÁSICA PARA APLICAR EL PRINCIPIO 80/20

- Detente a analizar y establecer cuáles son los resultados realmente importantes que debes obtener cada día o cada semana.
- Haz lo mismo con los objetivos o metas fundamentales que quieres alcanzar en todos los ámbitos de tu vida.
- Reorganiza tu agenda y tus costumbres teniendo en cuenta el mínimo vital que acabas de proponerte.
- Procura encontrar la forma de obtener en cada caso la mayor eficacia con el menor gasto de tiempo y energía.
- Hazte un plan para aplicar la capacidad que vas ahorrando en los objetivos y metas que realmente te importan.
- En una primera etapa, controla cada día que efectivamente estás dando la vuelta a los porcentajes del 80/20.

El resultado perfecto sería pasar del principio 80/20 al «final 20/80». O sea, aplicar sólo el 20% de tus energías a un 20% de inevitables banalidades; y el 80% de tus capacidades a un 80% de cosas importantes y vitales.

El principio 80/20 en la empresa

De acuerdo con los últimos hallazgos de los gurúes de los negocios, algo sorprendente está ocurriendo en el mundo empresarial. La excelencia gerencial o financiera está dejando paso a un nuevo concepto de eficacia, centrado en los individuos. Los ejecutivos creativos y sus equipos son hoy un factor fundamental para captar los continuos cambios que se producen en un mercado globalizado, y adaptarse para sacar provecho de ellos.

El 80/20 empresarial apunta a los dos elementos que componen la labor de cualquier compañía de producción o de servicios: la tarea que se realiza y los resultados que se consiguen. El vínculo entre ambos son las personas, que resultan decisivas a la hora de obtener más y mejores beneficios. Veamos cuáles son los rasgos fundamentales que deben poseer los líderes empresariales y sus equipos, para aplicar la regla básica del 80/20: «conseguir más con menos, para crear riqueza y bienestar».

En la tarea:

La nueva forma de trabajo es crear equipos reducidos y polivalentes, que se concentren en los detalles y puntos críticos del sistema, potencialmente capaces de desarrollar recursos que incrementen los beneficios.

Estos equipos polivalentes, debidamente coordinados, deben conformar el 80% de la energía gerencial y ejecutiva de la empresa. El restante 20% debería bastar para dirigir el otro 80% de tareas administrativas, complementarias y rutinarias.

En los resultados:
Ante los cambios acelerados en la economía y el mercado, ya no vale trazarse objetivos únicos, rígidos y prolongados. Los sistemas de producción y de servicios deben ser en un 80% variables y moldeables, para adaptarse rápidamente a metas nuevas y más beneficiosas.

Conviene mantener un 20% de objetivos más consolidados y estables, relacionados con la imagen qu proyecta la empresa, productos de prestigio o estrategias a medio y largo plazo.

Tanto en la empresa como en otros aspectos de la economía y la sociedad, la aplicación del principio 80/20 responde a la nueva cultura mundializada y posmoderna del siglo XXI, que se centra en el individuo como factor esencial del desarrollo y del progreso. Esta idea entronca con las otras tesis y métodos que nos ofrece la ciencia para encauzar nuestra suerte personal, en beneficio del destino colectivo de los seres humanos.

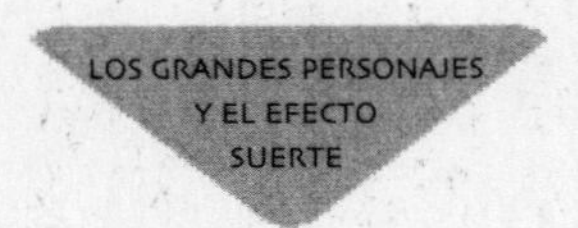

KATHARINE HEPBURN: ENERGÍA CONTRACORRIENTE

Durante más de cincuenta años Katharine Hepburn consiguió mantenerse en la cúspide del éxito como una gran actriz, atravesando todas su edades vitales, todos los géneros y estilos artísticos, todos los sistemas y modas de Hollywood o Broadway. Nunca tuvo modelos ni rivales, porque se empeñó en ser única, ella misma, la estrella que los directores reclamaban cuando necesitaban un personaje femenino especial, diferente. Los infinitos matices de su registro interpretativo emanaban de un carácter básico, cuya singular energía iba siempre a contracorriente de los cánones establecidos.

Katharine Houghton Hepburn nació el 12 de mayo de 1907 en Hartford, Connecticut. Fue la segunda de los cinco hijos del Dr. Thomas Hepburn, especialista en la prevención de enfermedades venéreas, y de Katharine Houghton, una activa y enérgica sufragista. El suicidio de su hermano mayor Tom ocurrido cuando ella tenía nueve años, fue la tragedia que ensombreció su infancia y marcó su carácter durante muchos años.

Cuando cursaba sus estudios de bachillerato, conoció a un joven llamado Ludlow Smith, que sería su primer novio formal y después su único y efímero esposo. Ambos se casaron en 1928, el mismo año en que ella obtuvo su graduación. Ya entonces sabía muy bien cuál sería su meta en la vida, aunque no había decidido aún el camino para alcanzarla. En el colegio había actuado con cierto éxito en un grupo teatral de aficionados, por lo que sus condiscípulas le sugirieron que probara fortuna como actriz. Ella aceptó el consejo sin gran convicción.

> «En mis comienzos no sentía pasión por ser actriz
> o estudiar arte dramático;
> lo que yo quería era llegar a ser famosa.»
>
> KATHARINE HEPBURN

Poco después Katty, como la llamaban sus amigos, obtuvo dos pequeños papeles en un teatro de la ciudad de Baltimore, por donde pasó sin pena ni gloria. Comprendió entonces que si quería ser actriz debía aprender cómo actuar, y se inscribió en una escuela de arte dramático de Nueva York. Allí consiguió un puesto en el reparto de *El gran estanque*, pero fue despedida al día siguiente del estreno. Sin embargo la Hepburn había heredado la tenacidad y la energía de su madre. Se quedó en la ciudad, siguió estudiando interpretación y haciendo diversos papeles en teatros de segunda línea, hasta que le llegó una buena oportunidad: un personaje coprotagonista en la producción de Broadway *The Warrior Husband*.

Katharine había aprendido bastante su oficio, y obtuvo la aprobación de los críticos. Los cazatalentos de Hollywood le hicieron varias pruebas ante las cámaras y en 1932 se presentó en su primer film: *A bill of Divorcement.* El público se sintió a la vez desconcertado y atraído por aquella intérprete distinta de lo habitual en las pantallas, pero la crítica celebró su fuerza interpretativa y la originalidad de su imagen y estilo. Al igual que el personaje de su película, Katty se divorció del bueno de Ludlow y emprendió una vida independiente y libre, dispuesta a «llegar a ser famosa».

Los productores le abrieron el camino colocándola como protagonista en una serie de comedias románticas, en las que mantuvo el apoyo de los entendidos pero no acabó de convencer a los espectadores. Aquella mujer de voz ronca con acento de Nueva Inglaterra, pómulos salientes, rostro afilado y cuerpo de muchachito, no encajaba en la idea que tenía el gran público de una heroína romántica. En 1934, el año en que la Hepburn obtuvo su primer Oscar de la Academia por su trabajo en *Mañana de gloria*, los distribuidores se quejaban a los estudios de que ella era un auténtico desastre para las taquillas.

Katty sabía que era buena en lo suyo, y que los directores, la crítica, y unos cuantos cinéfilos apreciaban su talento. Pero para ser famosa como estrella de Hollywood era imprescindible ser también muy popular, y esa era su asignatura pendiente. Seguía manteniendo algunas presentaciones en Broadway y sus relaciones con el mundo del teatro neoyorquino. Pudo así convencer al reconocido dramaturgo Philip Barry de que escribiera un papel para ella, y el resultado fue el personaje protagónico de Tracy Lord en *Philadelphia*

Katharine Hepburn consiguió triunfar con un estilo muy personal nada acorde con las modas de la época gracias a que supo construir su propia suerte.

Story. La obra se representó con un estruendoso éxito y el «estilo Katharine Hepburn» se puso de moda entre las mujeres independientes y progresistas. Por entonces la actriz estaba liada con el excéntrico multimillonario Howard Hugues, quien le obsequió para su cumpleaños con los derechos de la versión cinematográfica de *Philadelphia...*, que le habían costado una fortuna. Ella se los vendió a Cecil B. De Mille por otro tanto, con la condición de conservar el papel de Tracy Lord. La película, dirigida por George Cukor, obtuvo un rotundo éxito, tanto de crítica como de público, y Katty fue nominada para el Oscar. Quien se llevó la estatuilla fue su compañero de cartel, James Stewart, pero ella alcanzó la popularidad que siempre había anhelado.

De todas formas la Hepburn no era considerada una auténtica estrella, como podían serlo Lanar Turner o Rita Hayworth. La irlandesa alta, delgada y huesuda, que no se cubría las pecas con maquillaje y vestía pantalones y sandalias informales, poco tenía que ver con el arquetipo de la «star» de cabellos dorados, ceñida por un largo vestido de seda con un escote que resaltaba unos senos rotundos y una abertura en la falda que dejaba ver una sinuosa pierna. Además Katty despreciaba las entrevistas de la prensa chismosa y los lujosos y picantes saraos de Sunset Boulevard. Aparecía en la pantalla tal como era en la vida real, y esa fue su auténtica carta de triunfo.

Un romance complicado

Howard Hawks, un cineasta talentoso y astuto, aprovechó esos rasgos distintivos de Katharine para rodar *La fiera de mi niña*, uno de los grandes éxitos de 1938. Cukor tomó el relevo ese mismo año y la dirigió en *Pecadora equivocada* y *Vivir para gozar*, dos excelentes comedias de enredo hechas a la medida de la singular actriz. Allí se perfilan esos papeles de mujer moderna, dinámica, segura de sí misma y luchadora que ella llevaría a la perfección con *La mujer del año* (1942), su segundo Oscar y su primer film con un actor irlandés, bajito, cascarrabias y entrañable llamado Spencer Tracy. Se dice que ambos se enamoraron a primera vista, pero la consumación del romance no resultaba tan sencilla: Tracy estaba casado, y era tan profundamente católico como obcecado. Amaba con locura a Katharine, pero para él era imposible el divorcio. Ella se lo pensó unos días y finalmente aceptó jugar el papel de amante de un hombre casado, exigiendo a cambio mantener su valiosa independencia sentimental. La relación se mantuvo durante 37 años, en los que incluso hubo varias etapas de convivencia, y sólo acabó con la muerte de Spencer.

Hepburn y Tracy impusieron un nuevo estilo de comedia, en el que la lucha de sexos se expresaba en dos caracteres igualmente fuertes y empeñosos, cuya culminación fue otro film de Cukor: *La costilla de Adán* (1949). Por entonces Katty pasaba ya de los cuarenta, y las arrugas de su movedizo rostro la hacían parecer mayor. Dos años más tarde cambió totalmente su registro interpretativo en *La reina de África*, junto a un también avejentado Humprey Bogart. Su nueva faceta de gran actriz dramática se confirmó en 1959 con *De repente el último verano*, versión de la obra de Tennessee Williams, junto a Elizabeth Taylor y Montgomery Clift. Cuentan los cotilleos de Hollywood que Katty estaba indignada por la forma en que el director maltrataba al pobre Monty Clift durante el rodaje. Pero ella era ante todo una disciplinada profesional, y esperó a que acabara el trabajo para poner de todos los colores a Joseph L. Mankiewicz.

En 1967 Stanley Kramer rescata al binomio estelar Hepburn-Tracy, junto al joven actor negro Sydney Poitier, para *¿Adivina quién viene a cenar?,* un film que ataca el entonces álgido tema del racismo norteamericano. Ambos vuelven a triunfar, pero Spencer Tracy ha rodado las últimas escenas ya enfermo y morirá aquel mismo año. Katharine sufre profundamente la pérdida de su amor, al punto de que sus íntimos aseguran que nunca volvió a ser la misma. Quizá para superar su depresión, al año siguiente aceptó encarnar a Leonor de Aquitania en el film británico *El león en invierno*, junto a Peter O'Toole. Su magnífico trabajo en esta película le ganó un nuevo Oscar de la Academia y marcó el comienzo de un glorioso y merecido retiro. En realidad retiro a medias, porque Katharine siguió apareciendo cada tanto en televisión o haciendo alguna representación teatral. Todavía en 1981, con 74 años, volvió a la gran pantalla para protagonizar *En el estanque dorado* junto a Henry Fonda, que tenía 76 y moriría al año siguiente. Por el contrario, la luminosa vejez de Katharine sería aún muy larga. Falleció en su casa de Connecticut el 29 de junio de 2003, a los 96 años de edad. Según sus íntimos, saboreó hasta el último minuto la satisfacción de haber disfrutado de la fama que había soñado desde niña. Dejó detrás de sí el ejemplo de una mujer que supo poner todas sus energías en el cumplimiento de ese deseo, arremetiendo contra los moldes, las modas y los prejuicios de su época. Y salió victoriosa.

NORMA NÚMERO 9
USA TU INTELIGENCIA EMOCIONAL

A sus 28 años Margaret sufría una seria depresión, matizada por incontenibles ataques de llanto sin motivo aparente, ahogos de angustia y sentimientos de autodestrucción. Lo que la decidió a venir a mi consulta fue un encuentro casual en la calle con una antigua compañera de estudios, frente a un cruce de peatones. Ambas llevaban prisa y apenas pudieron intercambiar los besos de rigor y unas pocas palabras.

«Lamento no poder charlar un poco más contigo –dijo Margaret cuando ya estaban en la otra acera–, pero de veras voy con retraso...»

–¡Oh, no te apures! –respondió la ex condiscípula–. Ya tendremos tiempo de contarnos nuestras vidas en el party de aniversario.

–¿En el party... de aniversario?

–Sí, ¿no lo recuerdas? El viernes se cumple el quinto aniversario de nuestra promoción, y algunas de las chicas han organizado una especie de fiesta... ¿No te ha llegado la invitación?

–No..., no sabía nada... –murmuró Margaret algo confundida.

La otra advirtió que había metido la pata, y forzó una sonrisa despreocupada.

–Bueno, tal vez han perdido tus señas –dijo–. Pero por supuesto debes venir igualmente.

–No creo que pueda... –musitó Margaret, reprimiendo las lágrimas–. El viernes... tengo ya un compromiso.

En opinión de Margaret, el que sus colegas no se acordaran de ella, o quizá lo que es peor, no desearan invitarla al party, era una prueba más de su absoluto fracaso en las relaciones personales. Poco después comenzó a tener persistentes fantasías de suicidio y pesadillas en las que ese impulso se cumplía de distintas formas, todas espantosas.

–Nadie me quiere en este mundo, doctor Stonewall... –me dijo compungida en la primera entrevista–. ¡Quizá sería mejor que desapareciera de él!

–Hum... –respondí, siguiendo un hábito profesional.

A lo largo de las siguientes sesiones fui descubriendo que Margaret era una joven muy inteligente y cultivada, que siempre tenía una sonrisa o un gesto amable para todos y estaba implicada en actividades de cooperación y solidaridad. Su buen trato e interés hacia los demás eran evidentes, pero no le faltaba razón respecto a la escasa respuesta de los otros. Era esa clase de chica que mientras mordisquea un frankfurt frío en su mesa de trabajo, oye los comentarios de sus compañeros sobre el nuevo restaurante al que irán todos a almorzar. Por otra parte poseía un físico atractivo, y su rostro mostraba una belleza armónica y serena. Sin embargo nunca había formado una pareja estable, y sus escasas experiencias sexuales habían sido fugaces y poco satisfactorias. No pude menos que plantearme la gran pregunta clínica: «¿Qué demonios ocurre con esta muchacha?».

Una tarde, al terminar mi consulta, me dirigí a una cita con mi sobrino Clint dándole vueltas al evidente fracaso de mis intentos por ayudar a Margaret. Con algunas variantes, la historia de Clint se parecía bastante al caso que en aquel momento me preocupaba. Mi querido sobrino había sido una especie de niño prodigio, que se educó en una de esas escuelas para superdotados. A eso sumaba un encanto personal que lo convertía en la envidia de todas las madres del vecindario y un talante naturalmente afable y conciliador. Todos le predecíamos un brillante futuro en las ciencias o las tecnologías de alto nivel, que de momento se limita a la reparación de electrodomésticos a domicilio. Con eso consigue ganarse la vida, pero no siempre le alcanza. Prueba de ello es que la razón de nuestra entrevista era, como yo ya preveía, pedirme un préstamo. Al contrastar ambos casos conseguí ampliar el alcance de mi pregunta clínica a la siguiente formulación: «¿Qué diablos les ocurre a Margaret y a Clint?»

Y de pronto apareció brillante la respuesta, como el Señor ante Paulo de Tarso. A mi paciente y a mi sobrino no les ocurría nada. Eran personas normales, como tú amigo lector o amable lectora; jóvenes de la sociedad afluente de un país desarrollado, entrenados en la familia, la escuela, la universidad y el trabajo para sobrevalorar el intelecto y devaluar las emociones. Para reprimir cualquier impulso y usar la mente para «saber» lo que debía sentir su cuerpo. Productos, en definitiva, de una cultura que te premia si eres muy listo y te castiga si te pasas de sentimental.

SENTIR PARA RAZONAR

El primero en advertir públicamente del peligro de tratar la inteligencia y las emociones como compartimentos separados y estancos fue el psicólogo y escritor Daniel Goleman en su célebre libro *La Inteligencia Emocional,* publicado en 1995. El autor se basaba en una investigación realizada cinco años antes por el Dr. Peter Salovey, de la Universidad de Yale, y el Dr. John Mayer, de la Universidad de New Hampshire, que había obtenido una buena acogida en medios académicos. El principal mérito de Goleman fue encontrar ese título tan afortunado para su libro de divulgación y saber explicar un tema complejo con un lenguaje que, aunque denso, era comprensible para el público no especializado.

La Inteligencia Emocional fue un éxito de ventas absoluto, se tradujo a numerosas lenguas en todo el mundo, y creó una verdadera fiebre por aplicar esa nueva «varita mágica» para alcanzar el éxito. El extraordinario interés despertado por el tema se manifestó con mayor intensidad en corporaciones y empresas, instituciones públicas, entidades educativas y de formación, así como entre, ejecutivos, psicólogos, sociólogos y responsables de programas de perfeccionamiento y optimización de los recursos humanos. El fenómeno «I.E.» produjo una avalancha de cursos, conferencias, artículos, debates y nuevos libros sobre el tema, entre ellos un segundo título del propio Goleman y varios de reconocidos expertos como Joseph LeDoux o Antonio Damasio.

¿En qué consiste la Inteligencia Emocional? El propio nombre resume su principio básico: nos propone hacer intervenir las emociones en la función de nuestro cerebro. Unir la reflexión y la emoción, no para sentir con la cabeza y pensar con el corazón, sino para que la relación entre ambos produzca una sinergia que optimice los resultados de nuestras evaluaciones y decisiones. No es exactamente una panacea universal, pero sí un factor importante para gobernar nuestra suerte y obtener éxito en los distintos aspectos de nuestra vida.

No por casualidad, los encuestados que manifiestan estas cualidades son en su abrumadora mayoría personas brillantes y exitosas, que parecen gozar de una buena estrella exclusiva, tanto en los aspectos profesionales como en los económicos y sociales. El propio Goleman cita una encuesta realizada entre altos directivos y ejecutivos de una gran corporación multinacional, escogidos como los más admirables por los propios empleados. Los investigadores estudiaron los dossier y antecedentes de los elegidos, mantuvieron entrevistas con ellos y también con sus colegas y colaboradores más próximos. Establecieron que se trataba de ese tipo de personas a las que todos quieren agradar, siempre encuentran lo que buscan, y nunca se les presentan obstáculos. La clave de esa exitosa personalidad parece residir en una natural destreza en el trato con los demás. El encantador I.E. triunfa en todos los ámbitos donde actúa, al punto que no se llega a saber si todos lo aprecian porque es el mejor, o es el mejor porque todos lo aprecian.

> «El conocimiento emocional nos permite mejorar nuestra vida, construir relaciones valiosas y duraderas, y triunfar en nuestras actividades.»
>
> JEANNE SEGAL

LAS SEIS CUALIDADES DE LOS INTELIGENTES EMOCIONALES

A partir de la publicación del libro de Goleman, numerosos estudios y encuestas han llegado a establecer un perfil de las personas que poseen naturalmente una inteligencia bien relacionada con el campo emocional. Este perfil se resume en seis cualidades básicas, que he procurado inculcar a Margaret y a mi sobrino:

1. Los inteligentes emocionales consiguen atajar sus impulsos, evaluarlos y descartar los que no les conviene expresar.
2. Reconocen sus sentimientos en cada circunstancia, y saben incorporarlos a su pensamiento, así como decidir si deben o no transmitirlos.
3. Perciben las emociones y pensamientos de los otros, incorporando esa percepción a sus propias reflexiones y decisiones.
4. No ansían recibir de inmediato el reconocimiento o las gratificaciones, y están dispuestos a esperar al momento adecuado.
5. Manifiestan un optimismo exigente y son positivos en sus propuestas y expectativas, transmitiendo con facilidad esas actitudes a los demás.
6. Al participar en un grupo o equipo captan certeramente y con rapidez la dinámica interna, así como el papel que pueden jugar ellos en esa dinámica.

EL «REVIVAL» DE LAS EMOCIONES

En la actualidad, con la perspectiva de casi una década desde la publicación del libro de Goleman, podría decirse que la I.E. ha producido más ruido que nueces. A pesar del impacto causado por esta teoría, su aceptación unánime en los más altos niveles científicos y su amplia difusión en todo el mundo, su aplicación práctica es escasa e incluso parece haberse olvidado. Los centros de estudios y las corporaciones siguen rindiendo homenaje a la inteligencia dura, procurando formar mentes frías e insensibles a las emociones y sentimientos. Y no sería extraño que esa opción esté influyendo en la acelerada deshumanización del sistema socioeconómico globalizado.

Ante esta situación, diversos expertos y comunicadores han retomado la bandera de la I.E., profundizando en su estudio los unos y protagonizando una nueva campaña de difusión los otros. La Dra. Jeanne Segal, psicóloga del Colegio de Los Ángeles, se ha empeñado en ambas actividades y a través de investigaciones, libros, artículos y conferencias, y es una de las más activas y exitosas defensoras de la Inteligencia Emocional. «Si ignoramos las emociones pagaremos un alto precio –advierte–, porque perderemos destrezas mentales imprescindibles para llevar una vida sana, satisfactoria y plena». Señala que el IQ (cociente intelectual) puede ayudarnos a comprender el mundo a un determinado nivel, pero necesitamos nuestras emociones para comprendernos a nosotros mismos, y en consecuencia a los demás. Si no conocemos nuestras emociones y no tenemos la habilidad de reconocer y evaluar nuestros sentimientos, nos será muy difícil usar todas nuestras cualidades, no importa cuán listos seamos en determinados aspectos concretos.

La batalla que libran Segal y sus colegas de la llamada «Psicología humanística», tiene como oponente una tradición largamente enraizada en Estados Unidos y otros países desarrollados. Esos principios tradicionales nos dictan que debemos ejercitar sólo el componente racional de nuestra mente, construir nuestra personalidad y nuestros valores a partir del ejercicio intelectual. Atender a las emociones y sentimientos es en este contexto un signo de debilidad, cuando no de infantilismo, que distorsiona la información y el análisis que nos ofrece el intelecto.

Hace más de un siglo que los científicos vienen elaborando tests de distinto tipo para medir la inteligencia, por medio del registro de la habilidad para resolver problemas, la capacidad y agilidad de la memoria, la amplitud y corrección de la expresión oral y escrita, o la habilidad y rapidez en resolver cálculos matemáticos.

La medición del cociente intelectual y otras pruebas mentales específicas indican el tipo de estudios que debe seguir el sujeto y el sector de actividad para el que está destinado. Aunque nadie se pregunta si su sensibilidad o sus valores personales rechazan ese destino impuesto, nunca sabremos si aquel mediocre ingeniero pudo haber sido un magnífico pianista, o viceversa. El uso de la Inteligencia Emocional puede ser un excelente camino para definir mejor las metas más apropiadas para el pleno desarrollo de cada uno de nosotros.

La paradoja del cerebro dañado

Un estudio realizado en el año 2002 sobre pacientes que habían sufrido embolias, tumores y otros tipos de daño cerebral, aportó un inesperado espaldarazo a la teoría de la Inteligencia Emocional. Cuando están afectadas las partes del cerebro que controlan las emociones, las partes racionales mantienen todas sus funciones. Los pacientes pueden hablar correctamente, entender y analizar datos, adquirir conocimientos nuevos, e incluso pasar un test de IQ con los mismos resultados que antes de su afección cerebral. Esto parecería confirmar la idea de que los elementos emocionales no influyen en las funciones intelectuales. Pero el citado estudio reveló una fascinante paradoja:

Los mismos sujetos, privados de percepciones emocionales, no eran capaces de tomar decisiones sobre el mundo concreto, actuar apropiadamente en su relación con otros, prever y planificar su futuro a corto o largo plazo, ni ejercer otras funciones mentales imprescindibles para orientar y controlar el alcance de sus decisiones.

El estudio clínico que acabamos de comentar confirma con datos reales y concretos la comprobación científica del principio esencial de la I.E.: «Las partes racionales y emocionales del cerebro dependen una de otra para el pleno funcionamiento de la actividad mental».

¿Significa eso que el componente emocional influye en mayor medida sobre el intelecto que éste sobre las emociones? Hasta hace un tiempo tal posibilidad hubiera sido rechazada de plano por los científicos. Pero los trabajos realizados en la última década del siglo XX por el Dr. Joseph LeDoux, de la Universidad de Nueva York, demostraron en forma consistente que los mensajes de nuestros sentidos (la vista, el oído, el tacto...) llegan antes a un pequeño órgano cerebral llamado *amígdala,* encargado de almacenarlos en la memoria y de enviarlos al *neocórtex* que controla las funciones intelectuales. Puede decirse entonces que el cerebro racional actúa impulsado por percepciones emocionales, o que éstas sin duda participan en su funcionamiento.

La investigación de LeDoux vino a corroborar una considerable cantidad de estudios y datos que resaltaban la importancia de los sentimientos y emociones como un invalorable recurso para nuestro pleno desarrollo vital. Esos elementos emocionales son los que nos guían hacia el autoconocimiento y la conciencia de nosotros mismos. Y, junto con ella, la relación profunda con los otros, el entorno, la naturaleza y el propio Universo.

La antigua disputa entre el «racional insensible» y el «todo corazón», ha sido hoy superada por el nuevo concepto de una mente integrada y enriquecida que utiliza y coordina todos sus recursos. Las emociones no sólo nos afectan el ánimo, sino que básicamente brindan al cerebro la información necesaria sobre las actitudes de los demás, los valores en juego en nuestra sociedad, las condiciones de nuestro entorno, y las necesidades personales que nos proporcionan motivación, entusiasmo, voluntad y persistencia para alcanzar nuestras metas.

CÓMO UTILIZAR TU INTELIGENCIA EMOCIONAL

La ciencia ha comprobado que existen personas con una Inteligencia Emocional bien desarrollada y otras que se dejan llevar de manera desmedida por sus sentimientos o los rechazan de plano a la hora de reflexionar o tomar una decisión. Los primeros parecen disfrutar de su ventaja por razones genéticas, o por el tipo de ambiente familiar y educativo en el que han crecido. Y las mismas razones pueden motivar las actitudes extremas de los segundos. Pero la mayor parte de la gente se sitúa en un nivel intermedio, con mayor o menor influencia de las emociones en su funcionamiento racional.

Si quieres desarrollar y aprovechar tu Inteligencia Emocional. para controlar tu suerte y tu vida, conviene que antes que nada averigües cuál es tu nivel actual. Con ese fin he adaptado para mis lectores un test de autoconocimiento elaborado y contrastado por el equipo de la Dra. Segal:

El cuestionario consiste en once preguntas sobre tus actitudes, y debes responder a cada una con las siguientes opciones:

N - Nunca
R - Rara vez
A - Algunas veces
F - Frecuentemente
S - Siempre

EL TEST DE LA INTELIGENCIA EMOCIONAL

Cuestionario:

❶ Me preocupa sentir que los demás me dejan fuera o me ignoran.

N - R - A - F - S

❷ Puedo admitir que he hecho algo incorrecto o vergonzante.

N - R - A - F - S

❸ Me molesta que un extraño se muestre inamistoso conmigo.

N - R - A - F - S

❹ Me río de mis errores y debilidades.

N - R - A - F - S

❺ Me acuso por mis equivocaciones o incapacidades.

N - R - A - F - S

❻ Puedo reconocer mis imperfecciones sin sentirme culpable.

N - R - A - F - S

❼ Si alguien se muestra agresivo conmigo, me hecha a perder el día.

N - R - A - F - S

❽ Experimento diversos sentimientos, incluyendo la angustia, la agresividad y el miedo.

N - R - A - F - S

9. Mis emociones intensas me llevan a perder el control.
N - R - A - F - S
10. Me atormenta tomar decisiones o las postergo para luego.
N - R - A - F - S
11. Las emociones intensas de los demás me hacen perder el control.
N - R - A - F - S

Evaluación:
Para saber cuál es tu nivel de Inteligencia Emocional, adjudica un punto a cada pregunta que hayas respondido en la siguiente forma:
A las preguntas con números pares: «Siempre» ó «Frecuentemente»
A las preguntas con números impares: «Nunca» ó «Rara vez»
(Si has conseguido el máximo de 11 puntos, ya no necesitas seguir leyendo)

Si alcanzas más de 6 puntos, ¡enhorabuena! Eres una persona con un buen nivel de Inteligencia Emocional. Procura seguir desarrollándola.

Si has puntuado regular o francamente mal, no te desanimes: ya sabes al menos lo que hay, y también lo que te falta. En la vida todo puede aprenderse. La Inteligencia Emocional es como un músculo, se desarrolla con el ejercicio, y es posible que no hayas sabido entrenarla como corresponde.

Otro posible motivo de tu mal resultado es que te hayas esforzado por responder lo que te parecía «correcto», y no la pura y dura realidad de tus actitudes. Eso significa que tu intelecto ejerce un rígido control sobre tu mente, y que tu músculo emocional está un poco flojo. Si lo hubieras dejado actuar, quizá hubieras conseguido mejor puntuación.

LAS NUEVAS CLAVES DEL ÉXITO

En las distintas investigaciones llevadas a cabo para establecer científicamente las claves que emplean los individuos afortunados, han sido entrevistados centenares de hombres de negocios, políticos, líderes de opinión, artistas destacados, pioneros tecnológicos, escritores de renombre, científicos de alto nivel y otras personalidades de ambos sexos que han obtenido el éxito. Todos ellos son caracteres a la vez tenaces y flexibles, que han sabido cuál era su meta y se esforzaron por alcanzarla. Pero esas cualidades no son en sí extraordinarias, y esos triunfadores las comparten con millones de otras personas anónimas que no han podido alcanzar sus objetivos.

¿Qué es lo que hace la diferencia? ¿Han tenido ellos una buena suerte especial? Sí, desde luego, si aceptamos que esa suerte fue resultado de una serie de cualidades y actitudes que han sabido poner al servicio de sus fines. O sea, han contado con dosis suficientes de esa poción mágica bautizada y descrita por Goleman hace casi una década, y que desde entonces llamamos Inteligencia Emocional.

He intentado reunir en un breve resumen las principales claves señaladas por los sujetos entrevistados y corroboradas científicamente por los investigadores. Algunas de ellas se han tratado ya en otros apartados de este libro, pero conviene repasarlas en el contexto de la Inteligencia Emocional. Las expongo a continuación, por considerar que son de gran interés y utilidad para quien quiera promover y ejercitar la sinergia entre sus emociones y su mente, aplicándola en diversas situaciones y ante distintos problemas.

❶ SINTONIZA CON TUS INSTINTOS PROFUNDOS

Actuar «instintivamente» suele ser algo no muy recomendado ni aceptado en la vida social, laboral o afectiva. Por cierto, no podemos actuar en sociedad como salvajes ni volver a la ley de la selva. Pero no hay por qué «arrojar al niño junto al agua del baño», como reza un sabio refrán inglés. Actuar civilizadamente no significa ignorar lo que nos dicen nuestros instintos, que son antes que nada mecanismos de defensa y supervivencia. Sus mensajes nos llegan a través del sistema nervioso, y actúan sobre el cuerpo y las emociones. Las lágrimas en los ojos, el sudor frío en las manos o la frente, el temblor, la taquicardia o el sonrojo de la cara, son mensajes de angustia, miedo, ansiedad o vergüenza.

Esas manifestaciones psíquicas corresponden a momentos extremos, y también suelen ser advertidas por los demás. Pero existen otros mensajes menos evidentes, que no sin razón se denominan pre-sentimientos. Es decir, emociones y sensaciones en estado primario, tan profundos y escondidos que no solemos prestarles atención. Muchas personas exitosas dedican cada día un tiempo a la reflexión callada y en solitario, buscando contactar con sus bases instintivas. Pueden hacerlo simplemente a su manera, o adoptar técnicas de la meditación trascendental, el yoga, u otros sistemas orientales. El objetivo es el mismo, y lo que importa es habituarse a percibir y descifrar los mensajes de nuestro ser profundo.

❷ CONECTA TUS PENSAMIENTOS Y TUS EMOCIONES

Haz un esfuerzo intenso y persistente para informar a tus pensamientos sobre tus emociones, y viceversa. Tu intelecto ya no actuará totalmente en frío, ni tus emociones se recalentarán hasta descontrolarte. El cerebro actuará entonces con toda su capacidad de información, evaluación y decisión. La vida no es un teorema intelectual ni un torbellino de emociones desatadas. Tomar decisiones apropiadas requiere mantener una conexión entre lo que sientes, y lo que piensas, dices y haces en la práctica. De esa forma incorporas la sabiduría vital de tus instintos profundos a tus evaluaciones y decisiones.

Esto es particularmente necesario para las personas que viven bajo presión y oprimidas por el estrés. Esa forma de vida puede activar las endorfinas del cerebro, induciendo un falso sentimiento de bienestar semejante al que producen los narcóticos. En realidad el exceso de endorfinas bloquea la percepción de los sentimientos y necesidades, llegando incluso a obstruir el instinto de conservación.

❸ CULTIVA LA COMUNICACIÓN EMOCIONAL

Captar, evaluar y tomar en cuenta los sentimientos de los otros es un componente fundamental de la Inteligencia Emocional. Las personas con las que convives o comparten tu trabajo se sentirán comprendidas por ti, y establecerás con ellas una comunicación más próxima y sensible. La clave de este tipo de relación consiste en atender al lenguaje no verbal. Muchas personas, especialmente si son débiles, tímidas o están en una posición de dependencia, suelen decirte más cosas con sus miradas, sus gestos y sus actitudes, que con sus palabras.

El uso del lenguaje no verbal es esencial en determinadas actividades, empezando por la mía como psicólogo clínico. También los médicos, enfermeras, asistentes sociales, abogados, y otros profesionales que deben tratar con personas en situaciones de fragilidad o adversidad. El contacto emocional, en su mayor parte no verbal, resulta eficaz para mitigar el sufrimiento, tanto psíquico como físico. Y por el contrario, su desatención puede afectar negativamente a esos sujetos, y por lo tanto al éxito de quien tiene como labor y responsabilidad el atenderlos.

(Para más información sobre este tema, ver el apartado dedicado a la empatía.)

❹ DOMINA TUS EMOCIONES

Los líderes exitosos a menudo sienten deseos de gritar, llorar, partirse de risa o maldecir, pero saben dominar esos impulsos. En esta habilidad clave de la Inteligencia Emocional, «dominar» no significa siempre reprimir las emociones, sino saber cuándo y cómo conviene expresarlas, o si es mejor enviarlas a la papelera para desahogarse luego en solitario. A veces puede convenir que muestres tu entusiasmo ante tus colaboradores, que ocultes tus temores a un familiar, o que transformes la carcajada que te pide el cuerpo en una ligera sonrisa.

Cualquiera sea la actitud que has decidido adoptar ante los demás, nunca rechaces ni reprimas tus emociones ante ti mismo. Cuando estés tranquilo y a solas, revive lo que has sentido, analízalo y evalúa su verdadera importancia. De lo contrario la eficacia de tu mente emocional se verá lastrada por el peso subyacente de emociones no resueltas del pasado.

❺ AFRONTA LOS PROBLEMAS DE UNO EN UNO

Una buena I.E. trata cada problema o desafío como si fuera el único. Eso le permite incrementar su capacidad de concentración y afinar su análisis, para conjugar su intelecto con sus emociones. Recuerda que generalmente la Inteligencia Emocional va más allá y a menudo en contra de las normas de evaluación establecidas. Centrarte en un único tema hasta encontrar su solución te permitirá responder con mayor eficacia a las preguntas que éste plantea, tanto en los aspectos racionales como emocionales:

En lo racional: ¿Cuál es realmente el problema? ¿Qué importancia tiene en el conjunto de la tarea a cumplir? ¿Qué debe hacerse ahora?

En lo emocional: ¿Qué presiento sobre los efectos de esta decisión? ¿Qué intuyo sobre sus consecuencias a largo plazo en todo lo implicado? ¿Qué siento que pude haber descuidado en el proceso de buscar la solución?

❻ ACEPTA LA INTERDEPENDENCIA

Las personas inteligentes emocionalmente saben valorar la importancia que tienen los demás para su propio bienestar personal y éxito profesional. Responden así al viejo dicho de que «cuatro ojos ven más que dos», expresión de la sabiduría popular sobre las ventajas de la acción en común, y no tienen reparos en pedir, reconocer y agradecer esa colaboración.

El «dejadme solo» no es una buena idea para tomar decisiones correctas que te lleven a alcanzar tus objetivos. Sólo la interrelación con las ideas y sentimientos de otras mentes puede hacer que tu cerebro aproveche al máximo sus capacidades. No debes confundir esa interrelación con la sumisión o la dependencia emocional. En realidad se trata de que hagas una apreciación sincera de lo que los demás pueden ofrecer y hacer para mejorar tus posibilidades. Esa actitud será además una motivación para que ellos se sientan comprometidos y leales en su relación contigo.

Hablar y andar

Estas seis claves básicas de la I.E., junto a las otras normas del éxito que conforman el presente libro, se apoyan en una filosofía o actitud profunda ante la vida, que busca la excelencia intelectual, psíquica y espiritual. En ese propósito esos tres elementos actúan unidos, y no debemos interpretar la espiritualidad como la aceptación de un dogma, sino como la experiencia esencial y profunda de nuestro propio ser. Jeanne Segal denomina «hablar» a nuestras intenciones, valores y creencias, y «andar» a las decisiones, acciones y conductas de cada uno de nosotros.

Así pues, andar y hablar, conversando mientras caminamos juntos y avanzando mientras conversamos, puede ser la verdadera clave de la buena suerte, el secreto del auténtico éxito, el camino hacia una vida más plena y feliz.

NORMA NÚMERO 10
RECUERDA QUE EL AZAR TAMBIÉN EXISTE

Nadie puede prever ni controlar ciertos acontecimientos fortuitos, como ganar el premio mayor de la lotería o sufrir un accidente aéreo. Los estudiosos e investigadores de la buena suerte reconocen la existencia de esa «suerte pura», que no depende de la capacidad individual para orientar la propia suerte hacia el éxito o hacia el fracaso. Sin embargo los expertos no tienen demasiado en cuenta esta variable, porque sus manifestaciones, sin duda espectaculares, son muy escasas en términos del cálculo de probabilidades. Por ejemplo, cada avión que levanta vuelo tiene una probabilidad entre 1.500.000 de sufrir un accidente grave. Pero sucede que las catástrofes aéreas suelen ser muy aparatosas y producir numerosas víctimas, por lo que alcanzan una gran repercusión en los medios informativos.

La pura suerte, mala o buena, es aquella que obedece a motivos casuales e inesperados, que no pueden anticiparse ni prevenirse. Su aspecto más desconcertante es que sus golpes no parecen tener otra finalidad que su mera ocurrencia, y afectan indistintamente a cualquier persona, grupo o comunidad, según determina tan sólo el azar. Desde luego puede tener causas, como un motor averiado o una tormenta sorpresiva en el caso de los accidentes aéreos; o el acontecimiento inesperado que hace subir los precios del petróleo. Lo aleatorio es el pasaje del avión en aquel vuelo y los poseedores de acciones de compañías petrolíferas en ese momento.

Lo que sin embargo debemos aceptar es que si la suerte pura se manifestara con mayor frecuencia y extensión, todos los trabajos científicos que reseñamos en este libro no hubieran tenido ningún sentido. Por fortuna no es así, y podemos honestamente considerarla (e incluso estudiarla) como la excepción que parece necesaria para el cumplimiento de toda ley.

A menudo una catástrofe combina en su seno golpes fortuitos de mala y buena suerte, que atañen a la misma persona. Por ejemplo, un caso que pude comprobar personalmente:

Durante una estancia en Chicago para asistir a un congreso, me encontraba en la barra del bar del hotel esperando a un colega al que hacía tiempo que no veía. Al rato se presentó, apoyado en una muleta, con la pernera del pantalón recortada para dar lugar a una gruesa escayola que le cubría todo el pie.

–¿Qué te ha ocurrido? –no pude evitar preguntarle.

–Quizá lo hayas leído en la prensa –respondió–. Hace tres días un 747 se salió de la pista al aterrizar en Nueva York.

–Sí, lo he visto ayer por la televisión –asentí–. Un accidente terrible, en el que hubo numerosos muertos...

–Pues yo iba en ese vuelo, y conseguí salir totalmente ileso por la puerta de emergencia.

Miré confundido su ostentoso vendaje.

–Pero... ¿y la escayola? –pregunté intrigado.

–¡Oh, eso fue después! Cuando me disponía a atravesar la pista no vi una ambulancia que maniobraba junto al avión, y una de las ruedas me aplastó el pie. ¡Pura mala suerte! –remató con un guiño.

La doble suerte pura de Denise Rossi

La señora Denise Rossi, cajera de un supermercado de Los Ángeles, no llevaba una vida muy satisfactoria. Encontraba pocos alicientes en su trabajo, su salario era insuficiente, y su marido bebía demasiado. Un día una compañera la convenció de comprar un billete de lotería, y Denise tuvo la extraordinaria suerte de sacar el premio gordo de un millón de dólares. No le dijo nada a su esposo, pidió el divorcio, dejó su empleo, y se dedicó a disfrutar de la vida gracias a su flamante fortuna.

Dos años después volvió a visitarla la suerte pura, en forma de una citación para acudir a los tribunales. Un juez había sentenciado la confiscación de todas sus cuentas y bienes por haberle ocultado la ganancia del premio a su ex marido. Éste recibió casi todo lo que quedaba, en otra manifestación de la voluble pura suerte que puede cambiarnos la vida.

¿EN MANOS DEL DESTINO?

A lo largo de su milenaria existencia histórica, los seres humanos se han visto sujetos a golpes del azar y la fortuna, cuyo origen no podían explicar. Los atribuyeron entonces a una predestinación inconmovible, ya fuera fijada por los dioses (hados) o por los movimientos de los astros. Y si algún ser humano o un grupo de ellos se desviaba de ese destino prefijado, los dioses intervenían para poner las cosas en su sitio, ya fuera por medio de una desgracia inesperada o de un golpe providencial de la fortuna.

Esta ineluctable presencia del destino se refleja claramente en las grandes tragedias griegas, o en los intentos por predecir un futuro oculto pero ya establecido. Oráculos, pitonisas, hechiceros, adivinos y astrólogos buscaron con los recursos más extravagantes desvelar las peripecias futuras que nos aguardan. Y todavía hoy existe y prospera un abigarrado mercado de clarividencia que utiliza los más diversos medios de comunicación, desde la radio y la prensa del corazón, hasta la televisión e Internet.

Los avances de la ciencia no sólo descalifican cualquier método esotérico para conocer el destino, sino también la propia existencia de ese destino. Nadie ha conseguido demostrar, desde un punto de vista racional y científico, que los seres humanos, su especie, su historia, o su misma ciencia, tengan un objetivo último y superior marcado de antemano. Simplemente suceden, avanzan, retroceden, sin otro motivo que su propia existencia. Este «final del finalismo» nos deja a merced de nosotros mismos y, como pretendo exponer en este libro, nos hace responsables principales de nuestra buena o mala fortuna en la vida. Pero los golpes de la suerte pura siguen estando allí.

Nicholas Rescher, profesor de filosofía de la Universidad de Pittsburg, es uno de los primeros académicos que ha estudiado nuestras borrosas nociones sobre el papel del azar. Basándose en los trabajos pioneros de Blas Pascal y Diderot sobre el cálculo de probabilidades, y en las ideas de Carl Jung sobre la «sincronicidad», Rescher indagó desde las expresiones populares que invocan la suerte hasta las últimas teorías alternativas de la física y las matemáticas. En su libro *Suerte: la brillante casualidad de la vida cotidiana* cita el ejemplo de una dama que perdió su anillo de bodas, y volvió a encontrarlo 40 años después en un plato de puré de patatas.

> «El golpe de una ala de mariposa puede causar un temporal.»
>
> NICHOLAS RESCHER

En esta cita Rescher ilustra su idea de que sucesos tan mínimos que no podemos percibirlos, pueden provocar grandes efectos. El núcleo de su teoría sostiene algo así como una presencia secundaria del azar, incluso en procesos que no dependen de él. «Esos procesos pueden depender de la suerte para las personas implicadas –afirma–, en la medida en que esas personas no pueden conocer el propio proceso».

INTENTANDO DOMINAR EL AZAR

La señora Marjorie Cox, un ama de casa de Ohio, fue alcanzada dos veces por un rayo en 1996. Si pensamos que tuvo mala suerte, ¿cómo llamaríamos al hecho de que aún sigue viva y sana? Su historia, como la de mi colega con el pie escayolado, pareciera indicar que a veces el azar recurre a sí mismo para suavizar las consecuencias de sus golpes de infortunio. La gran paradoja de la suerte pura es que casi siempre, aunque nos castigue duramente, nos deja un subrepticio mensaje de que pudo ser peor. Y aquí entra una de las formas de sobreponernos y superar una desgracia, tal como se explicó en el capítulo dedicado a aprovechar los fracasos para el camino del éxito.

Morir en Nagasaki

Uno de los ejemplos favoritos de Nicholas Rescher y otros investigadores del azar, es la historia de «La gorda», segunda bomba atómica que Estados Unidos arrojó sobre Japón a finales de la II Guerra Mundial, destruyendo totalmente la ciudad de Nagasaki. En realidad el plan original era bombardear otra ciudad, Kokura, pero los pilotos hallaron esa región cubierta por una densa niebla que ocultaba el blanco previsto. Se les ordenó entonces dirigirse a Nagasaki y arrojar allí a «La gorda».

El proceso del bombardeo cumplió su objetivo: la rendición de Japón que selló la victoria total de los Aliados. Pero los habitantes de Nagasaki sufrieron una fatal intervención del azar que no pudieron conocer ni prever.

Nicholas Rescher rechaza totalmente la idea de que algunas personas tienen una especie de magnetismo que atrae a la buena o la mala suerte. «Los hechos con una baja probabilidad de ocurrir, acaban ocurriendo alguna vez –explica–. La gente que ha tenido un golpe de buena suerte, tiende a pensar que de alguna forma se lo ha merecido. Creo que eso es algo que refleja la tendencia humana a desear que el mundo sea racional, lo que a todas luces no es así».

No obstante, y pese a su respeto por el ciego azar, el filósofo de Pittsburg no desdeña los estudios de los psicólogos y sociólogos sobre cómo dominar los avatares de la suerte. Al menos coincide con ellos en la necesidad de entrar en sus desafíos, de arriesgar algo para poder quizá ganar todo. «Incluso en las quinielas acumulativas alguien acaba llevándose el bote –escribe–. Ese individuo ha sido muy afortunado y el resto que había comprado billetes han sido, en ese aspecto, infortunados, y no hay nada en particular que hubieran podido hacer. Pero si no compras el billete, no tienes ninguna posibilidad de llevarte el bote». Y concluye el tema asegurando que el tigre del azar puede ser domado, si nos arriesgamos a desafiarlo.

> «El azar es la huella visible de principios invisibles.»
>
> WOLFGANG PAULI
> Premio Nobel de física

¿UN INCONSCIENTE UNIVERSAL?

Otro científico que lidió con la influencia del azar en la vida de las personas fue el célebre psiquiatra Carl Jung (1875–1961), estrecho colaborador de Sigmund Freud y primer presidente de la Asociación Psicoanalítica Internacional en 1910. Tres años más tarde Jung se distanció de Freud, al sostener que la naturaleza de la libido no respondía sólo al instinto sexual, sino también a una energía vital acumulada en lo que denominó «el inconsciente colectivo». De acuerdo a su teoría, esa *summa* de la experiencia humana se relaciona con la suerte personal de cada uno de nosotros por medio de la «sincronicidad», una suerte de alineamiento de ciertas fuerzas o arquetipos que existen en el universo, para desencadenar un hecho o una circunstancia.

El budín de ciruelas

El ejemplo más conocido de sincronicidad que ofreció Jung, y repiten sus seguidores, tiene como protagonista un budín de ciruelas. Un caballero francés llamado Deschamp fue convidado por su vecino el señor de Fortgibu con un budín de ciruelas preparado por él mismo. Al invitado el postre le resultó exquisito, y unos años más tarde descubrió el budín de ciruelas en el menú de un restaurante de París. Pero no pudo saborearlo, pues la última porción le había sido servida a otro comensal, que para sorpresa de Deschamp resultó ser Fortgibu.

Pasaron muchos años más, y una noche en que Deschamp participaba de un banquete en un salón privado, el maitre le recomendó como postre el budín de ciruelas. El hombre relató a sus amigos la extraña coincidencia ocurrida tanto tiempo atrás, y declaró que sólo faltaba Fortgibu para completar la ocasión. En ese momento el aludido, ya muy anciano, entró por equivocación en el salón.

Las mismas fuerzas sincronizadas que guiaron a Fortgibu en ambas ocasiones son, siempre según Jung, las que «co-inciden» en muchos episodios de nuestra vida que consideramos frutos del azar. Por ejemplo, si a poco de cobrar el último mes del paro alguien nos ofrece un nuevo empleo; si entramos a una librería sin tener claro lo que buscamos, y de pronto cae de un estante un libro cuya lectura nos ayudará en algún sentido; o cuando acabamos de romper un noviazgo y se nos presenta otra persona fascinante. Y la sincronicidad favorita de los conductores: cuando buscamos desesperadamente un sitio para aparcar en un barrio imposible, y de pronto se marcha un coche ante nuestras narices, dejándonos el sitio libre.

Advierten los jungianos que no todas las casualidades y coincidencias pueden tomarse como auténticas «sincronicidades», y que sólo debemos prestarles atención cuando han sido anunciadas por una experiencia interior, como un sueño, una fantasía, o un episodio de *dejà vu* (el sentimiento de que ya conocemos un lugar o una persona que vemos por primera vez). Jung llama «individuación» al proceso de llegar a ser consciente de las fuerzas sincrónicas y actuar en armonía con ellas. De acuerdo con su teoría, una persona «individuada» puede realmente controlar lo que sucede a su alrededor y le sucede a ella misma, al conectar su conciencia con los arquetipos del inconsciente colectivo.

La más reconocida seguidora de Jung en la actualidad es la Dra. Judith Orloff, profesora de psiquiatría en la Universidad de California en Los Ángeles, que llega a sostener la existencia de un «código intuitivo de salud y felicidad» alojado en nuestro subconsciente. De acuerdo con su teoría, la función de ese código interno es entrenarnos para aprovechar mejor los mensajes intuitivos a favor de nuestro éxito y bienestar. Orloff considera tres áreas de percepciones intuitivas: el cuerpo, las emociones, y las relaciones externas, y propone cinco actitudes en los casos de dudas o problemas vitales:

LAS CINCO ACTITUDES DE ORLOFF

1. Tomar en cuenta tus valores
2. Mantener contacto mental con el cuerpo
3. Sentir tu sutil energía psico-física
4. Buscar ayuda en tu interior
5. Atender a tus sueños y fantasías

En un reciente libro de divulgación de sus métodos, Orloff explica que su objetivo es enseñar a los demás cómo descubrir los propios poderes «individuacionales» y utilizarlos para alcanzar el bienestar. Según ella, todos poseemos un código interior que contiene las claves de nuestra salud y felicidad, y que sólo podemos decodificar entrando en contacto con la conciencia universal que flota en un plano superior. La psiquiatra jungiana nos recomienda centrar la atención en tres puntos trascendentales: el cuerpo, las emociones y relaciones, y (como no podía faltar) la vida sexual. «Si percibes las señales de tu cuerpo, tu voz interior, tu corazón, y tu conexión espiritual –escribe Orloff–, sabrás alcanzar la plenitud física, emocional y sexual».

> «Somos poseedores de una inteligencia intuitiva
> tan poderosa,que es capaz de decirnos
> cómo podemos alcanzar nuestros deseos.»
>
> JUDITH ORLOFF

El tema de los arquetipos y la conciencia universal suena un tanto a fantasía esotérica. Debo señalar que la comunidad académica considera que las teorías de Carl Jung son sólo una muestra de la creatividad de su delirio, y ni siquiera acepta discutir las teorías de Orloff y otros neojungianos. Pero debemos también reconocer el prestigio inicial de su creador y la persistencia de sus ideas, que suele atribuirse a que se trata de la versión más «científica» entre los diversos mentalismos astrales.

Provenga o no de una «conciencia universal», el azar puro existe y no debemos olvidar que puede irrumpir (o mejor, interrumpir) en nuestras vidas. Pienso que es apropiado terminar este decálogo de normas científicas básicas para atraer la buena suerte, señalando su ineluctable presencia. Y también que la ciencia aconseja desafiarlo en su propio terreno o asumirlo en forma positiva cuando nos golpea, ya que en ocasiones es inevitable.

Te aconsejo estudiar bien estas diez normas y poner en práctica en todo momento todas y cada una de ellas. Para que puedas tenerlas siempre presentes adjunto en la página siguiente una síntesis del decálogo, que te resultará muy útil para consultarlo con facilidad siempre que lo necesites.

DECÁLOGO SINTÉTICO DE LA BUENA SUERTE

1. Convéncete de que tendrás éxito
2. Define bien tus metas
3. Confía en tus cualidades
4. Aprovecha las oportunidades
5. Escucha lo que dice tu intuición
6. Cuida tu red de relaciones
7. Saca provecho de los fracasos
8. Ajusta tu esfuerzo a tus objetivos
9. Usa tu inteligencia emocional
10. Ten en cuenta que el azar también existe